SALMOS

ESPERANZA REAL
PARA LA VIDA COTIDIANA

RAY ORTLUND

Lifeway Recursos®
Brentwood, Tennessee

ISBN 9798384515760 • Ítem 005850464

Clasificación decimal 223.2 Título del tema: BIBLIA \ SALMOS A. T.
\ DIOS \ MEDITACIÓN

Para ordenar copias adicionales de este recurso, llame al 1 (800)257-7744, visite nuestra página, www.lifeway.com o envíe un correo electrónico a recursos@lifeway.com. También puede adquirirlo u ordenarlo en su librería cristiana favorita. Impreso en los Estados Unidos de América Publicación de Lifeway Recursos 200 Powell Place, Suite 100 Brentwood, TN 37027-7707.

Impreso en Estados Unidos de América

Publicación de • Lifeway Recursos
200 Powell Place, Suite 100 • Brentwood, TN 37027-7707

CONTENIDO

SOBRE EL AUTOR

Ray Ortlund hizo una licenciatura en el Wheaton College; una maestría en Teología en el Seminario Teológico de Dallas; un máster en la Universidad de California, Berkeley y un doctorado en la Universidad de Aberdeen, Escocia. El pastor Ortlund sirvió como profesor asociado de Antiguo Testamento y lenguas semíticas en la Escuela de Divinidad Evangélica Trinity en Deerfield, Illinois, desde 1989 hasta 1998.

Fue ordenado por la Iglesia Congregacional de Lake Avenue en Pasadena, California, en 1975. Sirvió como pastor de la Iglesia Immanuel en Nashville, Tennessee (una iglesia basada en Hechos 29), es miembro del consejo de la Coalición por el Evangelio, y es el presidente de Renewal Ministries. Ray ha estado casado con Jani Giles Ortlund durante cincuenta felices años, y tienen quince encantadores nietos.

CÓMO USAR ESTE ESTUDIO

Este estudio bíblico proporciona un proceso guiado para personas y grupos pequeños con el fin de que conozcan y entiendan los Salmos. Las siguientes seis sesiones de estudio examinan los Salmos a través de seis necesidades clave. A lo largo del estudio conoceremos al Dios que nos encuentra donde estemos y ofrece esperanza real para la vida cotidiana.

ESTUDIO EN GRUPO

Independientemente del día de la semana en que se reúna tu grupo, cada sesión de contenido comienza con la sesión grupal. Cada sesión grupal utiliza el siguiente formato para facilitar una interacción sencilla pero significativa entre los miembros del grupo y con la Palabra de Dios.

COMENZAR

La sesión grupal comenzará con algunas preguntas diseñadas para ayudarte a presentar el tema de estudio de la sesión y animar a todos a participar.

OBSERVAR

Más allá del esquema de enseñanza de Ray, esta página se deja intencionalmente en blanco para que tomes notas durante la enseñanza grupal. Los códigos para el acceso a los videos de enseñanza están incluidos con la compra de este libro y se pueden encontrar en el interior de la contraportada de este estudio.

CONVERSAR

Esta sección es el componente principal de la sesión grupal. Las preguntas proporcionadas están diseñadas para facilitar el estudio en grupo del tema de la sesión. El objetivo es entender mejor el corazón de Dios y cómo los Salmos nos ofrecen esperanza real e inmediata en una variedad de circunstancias.

ESTUDIO PERSONAL

Se dan tres días de estudio personal después de cada sesión grupal para ayudar a las personas a pensar bíblicamente sobre el tema de la sesión. Con enseñanzas bíblicas y preguntas introspectivas, estas lecciones desafían a los individuos a crecer en su comprensión de la Palabra de Dios y a responder con fe y obediencia.

ESTUDIO PERSONAL DE LA BIBLIA 1 Y 2

Los estudios grupales y personales son complementarios. El primer estudio bíblico personal toma una mirada más completa al Salmo que se estudia en el grupo, y amplía el contenido y los temas de la enseñanza grupal. El segundo estudio bíblico personal examina otro Salmo con un tema similar. Estos estudios están destinados a profundizar en tu comprensión de los Salmos y brindarte más tiempo para reflexionar y aplicar lo aprendido en la sesión grupal. La sección de estudio personal termina con una actividad de escritura en un diario, diseñada para ayudar a los miembros a extraer verdades clave.

PROFUNDIZAR

Además de la enseñanza grupal en video, este material incluye un video de estudio personal por sesión donde Ray te ayuda a ser un mejor lector de los Salmos. Puedes acceder a los videos siguiendo las indicaciones que se encuentran en el interior de la contraportada de este estudio.

GUÍA PARA LÍDERES

Para cada sesión tienes una guía para líderes en las páginas 128-142, que destaca los puntos clave de cada sesión y ofrece consideraciones útiles para liderar una conversación grupal. Además, encontrarás consejos para ayudarte a liderar un grupo pequeño.

SESIÓN UNO

ESPERANZA REAL PARA LA VIDA COTIDIANA

ESTUDIO EN GRUPO

COMENZAR

Bienvenidos a la sesión 1, «Esperanza real para la vida cotidiana».

Pide a los participantes que se presenten. Mientras lo hacen, invítalos a encontrar y compartir un versículo de los Salmos que sea significativo para ellos. Puede ser su versículo favorito o uno que encuentren en ese momento.

¿Qué emociones podríamos experimentar leyendo y estudiando los Salmos juntos?

Juan Calvino llamó a los Salmos «una anatomía de todas las partes del alma». Él explicó: «No hay una emoción de la cual alguien pueda ser consciente que no esté aquí representada como en un espejo… No hay otro libro en el que se registren tantas liberaciones, ni uno en el que se celebren las evidencias y experiencias de la providencia y cuidado paternal que Dios ejerce hacia nosotros».[1]

Con esto en mente, ¿qué esperanza real para la vida cotidiana buscas obtener en este estudio de los Salmos?

En todas las circunstancias —alegres y trágicas, confiadas y temerosas, tranquilas y ansiosas, justas y pecaminosas, esperanzadas y desesperadas— David y otros salmistas escribieron canciones de oración a Dios. Estas no son ordenadas, educadas o falsas. Son las expresiones honestas de personas reales siendo sinceras con Dios y encontrando esperanza real. Nos enseñan cómo es encontrarse con el Dios vivo. Nos ayudan a responder las preguntas: ¿quién es Dios realmente?, ¿quién soy yo realmente?, y ¿qué sucede cuando esas dos preguntas se encuentran?

Comenzaremos nuestro estudio en los Salmos 1 y 2, como una forma de descubrir la dirección de todo el libro. Al comenzar la primera sesión de video, invitemos a Dios a hablarnos.

Padre, necesitamos redescubrirte y experimentarte de manera personal, vívida y real cada día. Danos una nueva perspectiva de tu corazón, muéstranos cómo está conectado a nuestro caos. Queremos conocerte, no hipotéticamente o solo como una doctrina, sino presente momento a momento y como nuestra ayuda en toda necesidad.

1. Juan Calvino, *Comentario sobre el libro de los Salmos*, traducido por Santiago Anderson (Grand Rapids: Eerdmans, 1949), xxxvii–xxxviii.

OBSERVAR

Utiliza estas declaraciones para seguir mientras miras el video de la sesión 1.

Tres cosas interesantes en los Salmos 1 y 2:

1. Estos dos Salmos introducen todo el libro.

2. El Salmo 1 está marcado con fuertes contrastes, con sabia orientación personal.

3. El Salmo 2 es igualmente audaz, con esperanza para todo el mundo.

Para acceder a las sesiones de enseñanza,
sigue las indicaciones que se encuentran
en el interior de la contraportada de este estudio.

CONVERSAR

Utiliza estas preguntas y sugerencias para conversar sobre la enseñanza del video.

Lee los Salmos 1 y 2. En tu opinión, ¿qué declaración verdadera hacen estos dos Salmos en conjunto?

Ray dio tres ideas para ayudarnos a aprovechar al máximo los Salmos 1 y 2.

1. Estos dos Salmos introducen todo el libro.

¿Quién es bendecido en el Salmo 1:1? ¿De qué manera?

¿Quién es bendecido en el Salmo 2:12? ¿De qué manera? ¿Cómo están relacionadas las bendiciones de estos versículos?

¿Sueles orar y relacionarte con Dios en un contexto personal o global? ¿Por qué? ¿Por qué ambos son necesarios?

¿Crees que alguien puede cambiar personalmente sin confiar en que Dios también está transformando el mundo? Explica tu respuesta.

2. El Salmo 1 está marcado con fuertes contrastes, con sabia orientación personal.

¿Qué deja claramente en evidencia el patrón de «No esto, sino aquello» en el Salmo 1?

Pedimos a Dios que se mostrara a nosotros no hipotéticamente sino de manera personal, vívida y real a cada momento. En la enseñanza del video, Ray explicó: «El Salmo 1 es un Salmo de plantación de bandera que nos ayuda a ser decisivos». Entonces, personalicémoslo.

¿Sobre qué debería ayudarte a ser decisivo el Salmo 1? ¿Qué contraste necesita tu vida para comenzar a ejemplificar?

3. El Salmo 2 es igualmente audaz, con esperanza para todo el mundo.

¿Cómo describirías el mensaje general y el tono del Salmo 2?

¿Qué significa buscar refugio en el Señor?

Nuestro mundo, como el mundo de David, el de los primeros cristianos (Hechos 4:23-31), y el de cada generación, está lleno de personas, en una furiosa guerra interna y externa, que se niegan a refugiarse en el Señor. Al mismo tiempo, Jesús ofrece la esperanza de bendición eterna a todos los que se vuelven hacia Él.

¿En qué situación necesitas reconocer el mal a tu alrededor y orar para que tengas la valentía para hablar y actuar con la esperanza segura de Cristo?

¿Qué otras preguntas o comentarios tienes sobre el video de enseñanza de esta sesión? ¿Qué fue desafiante, retador, alentador u oportuno en tus circunstancias actuales?

ORACIÓN

Peticiones de oración

ESTUDIO PERSONAL 1

SALMO 1

ESQUEMA DEL SALMO 1

El presente: el creyente florece, el malvado decrece (1-4)
El futuro: el Señor preservará a los justos, y solo a ellos (5-6)

Salmos es un libro de canciones sagradas, canciones de alabanza y canciones de lamento. De hecho, el Libro de los Salmos era el himnario del templo; su contenido llenaba la adoración personal y colectiva de Israel. Es interesante, entonces, que el Salmo 1, que se presenta como la introducción al himnario bíblico, se centra en «la ley del SEÑOR».

Lee el Salmo 1.

¿Por qué crees que «la ley del SEÑOR» ocupa un lugar central en el Salmo 1? ¿Qué te enseña esto sobre la adoración?

Entramos en la adoración a Dios a través y de acuerdo con la Palabra de Dios. No es como si estuviéramos adorando a Dios cuando estamos cantando, y luego el sermón es algo aparte. Los cristianos adoran a Dios cantando la Biblia, orando la Biblia, leyendo la Biblia, predicando la Biblia y escuchando la Biblia. El Salmo 1 pone el evangelio al frente de la adoración bíblica, porque *solo el mensaje bíblico* puede elevarnos a Dios en adoración agradable. La adoración es la respuesta humana a la presencia del Señor. Y dado que el Señor está siempre presente, la adoración es una práctica de toda la vida.

¿Qué principios en el Salmo 1 puedes aplicar a tu adoración personal?

El Salmo 1 instruye nuestras mentes y atrae nuestros corazones, porque Dios quiere liberarnos del desorden y la distracción interna para adorarlo con nuestra mente y corazón.

VERDAD PARA NUESTRA MENTE

El Salmo 1 ofrece la verdad de Dios para nuestra mente como el primer paso para alejarnos de la falsa adoración y entrar en la verdadera adoración a Dios. Reemplaza nuestra idolatría —«el consejo de los malvados»— con la ley del Señor como el único objeto finalmente convincente y fructífero de la meditación de la mente. La palabra *medita* en el Salmo 1:2 no es ni una pereza religiosa soñadora ni un deporte intelectual desinteresado, sino una internalización profundamente personal de la verdad bíblica. La meditación es el pensamiento humano en su mejor momento, y es esencial para la verdadera adoración.

Lee los siguientes versos e identifica las verdades que Dios quiere que afirmes y confieses:

Salmo 14:1

Salmo 92:5

Salmo 145:3-5

¿Cuál de estas verdades se destaca más personalmente en este momento como esperanza real para la vida cotidiana? ¿Por qué?

El Salmo 1 define dos formas de vida y las elecciones relacionadas con ellas sin ambigüedades. La palabra *no* aparece seis veces en seis versos en el texto original, y la palabra *pero* aparece tres veces. La lógica del Salmo es clara: «No esto, sino aquello».

Describe lo que el Salmo 1 enseña sobre «no esto, sino aquello»:

(Versículos 1-2) No ____,

pero ____.

(Versículos 3-4) No ____,

pero ____.

(Versículos 5-6) No ____,

pero ____.

VERDAD PARA NUESTRO CORAZÓN

Dios ha definido claramente nuestras opciones, sin embargo, luchamos con ellas. El problema es que, incluso cuando nuestra mente tiene conocimiento, nuestro corazón puede estar dividido. A veces lo queremos de las dos formas. Debido a esto, formamos nuestros pensamientos sobre temas como la sexualidad, el dinero, el éxito y muchas otras cosas basadas en nuestras preferencias en lugar de en la Palabra de Dios.

Como Dios ama a los pecadores cuyos corazones están divididos, Él no nos deja simplemente con una elección intelectual. Él proporciona el avance que nuestro corazón necesita desesperadamente. En el Salmo 1, Dios nos invita a cambiar nuestras preferencias por Su amor en Cristo como el centro definitorio de todo lo que somos. Ser cristiano significa que ahora nos definimos en relación con Cristo. Cristo, no uno mismo, define una vida que vale la pena vivir.

Lee Romanos 12:1-2. ¿En qué situación(es) te sientes tentado a conformarte con el consejo del mundo pecaminoso? ¿Por qué?

Dios te llama a ser transformado, o redefinido, mediante la renovación de tu mente. Considera el Salmo 1 y Romanos 12:1-2 juntos. ¿Cómo se lleva a cabo nuestra renovación?

El Salmo 1:1 comienza con la palabra *bienaventurado* para describir al que adora a Dios correctamente con la mente y el corazón. De los versos 3-6, ¿qué significa ser bienaventurado?

La palabra *bienaventurado* es una fórmula de felicitación. En otras palabras, en el Salmo 1:1, Dios les está diciendo a aquellos que se han vuelto decisivos en tomar una posición por Cristo: «¡Bien hecho!». A través de Cristo, Dios está dispuesto a ser el animador principal de todos los que lo adoran según Su Palabra. Más allá de animarnos, Dios enriquece nuestra adoración mientras nos permite crecer, dar frutos, no marchitarnos y prosperar de una manera que satisfará nuestros corazones para siempre.

¿En qué áreas de tu vida necesitas priorizar a Cristo, como en tus relaciones, decisiones laborales o tiempos de ocio? ¿Qué pasos prácticos puedes dar?

¿Qué dice el Salmo 1 sobre la idea de que puedes ser un «cristiano casual»?

La palabra *deleite* en el Salmo 1:2 eleva el estándar de adoración al recordarnos que no existe tal cosa como un cristianismo a medias, seguro, de bajo perfil. La fe cristiana en su esencia, es alegre y de todo corazón. Dado quién es Dios, «la ley del SEÑOR» no puede ser una imposición extenuante; al contrario, es el objeto de nuestro mayor deleite. La misma palabra *deleite* también baja el estándar. No necesitas un doctorado para ser renovado por la Biblia. Solo necesitas amor por Cristo.

Lee Juan 5:39. ¿Qué deberíamos buscar mientras leemos, memorizamos y meditamos en la Biblia?

LA VERDAD DE CRISTO

La Biblia no es un conjunto de principios para vivir la vida cristiana. La Biblia es la historia de Dios que no nos abandona, sino que viene a nosotros a través de Cristo, aunque le costó Su vida. Ver a Jesús como la clave de todo en la Biblia hace que todo el libro cobre vida. Si leemos la Biblia como la manifestación interminable de Cristo en Sus muchas glorias, «la ley del SEÑOR» nunca dejará de activar nuestra adoración.

¿Significa Salmo 1:3 que aquellos que se deleitan en la Palabra de Dios siempre tendrán una vida fácil y cómoda? ¿Cómo lo sabes?

Lee el Salmo 73:2-3 y 17. Experimentamos momentos de debilidad en los que nuestro profundo disfrute de la Palabra de Dios puede flaquear. ¿Las promesas del Salmo 1:3 aplican incluso en tiempos difíciles?, ¿Cómo interpretas esto?

Vuelve a leer Salmo 1:5-6.

La palabra, por tanto es la unión en la que el Salmo 1 pasa del tiempo hacia la eternidad. Los versículos 1-4 están en tiempo presente. Entonces, el versículo 5 avanza rápidamente hacia el futuro hasta llegar al estado eterno. Los versículos 1-4 tratan sobre cómo vivimos ahora; el 5 describe la eternidad tal como la experimentaremos en aquel momento.

El Salmo 1 es claro: *el deleite determina el destino.* ¿Cómo debería impactar esta verdad en la vida diaria?

En términos de las luchas de la vida diaria, ¿qué significa para ti que «el SEÑOR conoce el camino de los justos» (v. 6)?

Si quieres adorar a Cristo, pero a veces te sientes incapaz, el Señor te conoce. Él te entiende. Él está involucrado contigo. Él te ha elegido para Él mismo, te ha inclinado hacia Él, te está llamando, y Su gracia te sostendrá para siempre. Descansa en eso hoy.

SALMO 1

ESPERANZA REAL PARA LA VIDA COTIDIANA

Utiliza los espacios a continuación para escribir una oración o respuesta a cada entrada.

CONSEJO: ¿Te preguntas cuál es la mejor manera de vivir? ¡No tienes que hacerlo! Dios claramente te muestra en Su Palabra lo que es justo e impío.

CLARIDAD: Solo hay una forma de pasar de la idolatría al culto: rechazando tus propias fórmulas para la bendición y dejando que Dios te redefina con la bendición de Cristo.

SATISFACCIÓN: Los justos del Salmo 1 son pecadores idólatras cuyo pecado fue clavado en Cristo en la cruz. Dios ofrece la justicia de Jesús como tu nueva posición en Su presencia.

CONFIANZA: Si estás en Cristo, tu futuro es esperanzador y brillante, estás listo para vivir el Salmo 2, el Salmo 3, el Salmo 4, pasando por todo el Libro de Salmos, hasta los grandes aleluyas de los Salmos 146-150, en ese templo perfecto allá arriba.

CONSTANCIA: Si quieres adorar a Dios, aleja las distracciones y toma tu Biblia. Ábrela, léela, créela, medita en ella, deléitate en ella, obedécela. Dios te mostrará a Cristo. Él te refrescará y te ayudará, desde ahora hasta la eternidad.

ESTUDIO PERSONAL 2

SALMO 2

ESQUEMA DEL SALMO 2

El salmista pregunta: ¿por qué se rebelan las naciones? (1-3)
Dios responde: el Señor se ríe (4-6)
El Mesías declara: este mundo es suyo (7-9)
El salmista aconseja: ríndete al verdadero Rey (10-12)

Como la entrada a este libro, los Salmos 1 y 2 se acercan y se alejan. El Salmo 1 enfatiza nuestra realidad individual con el Dios viviente. Luego, el Salmo 2 nos muestra la realidad ampliada: nuestro Mesías es un Rey conquistador, tiene un control absoluto del mundo. Ambos Salmos nos ayudan a descubrir a Dios, no de manera hipotética, sino como algo personal y presente, momento a momento.

Lee el Salmo 2:1-12.

Enumera las palabras y frases sobre Dios que te llamen la atención junto con cualquier pregunta, preocupación o sentimiento que esos elementos susciten.

El Salmo 2 podría describirse como el himno nacional del antiguo Israel. Celebra las luchas entre el reino de Dios y el reino del hombre, con la victoria de Dios a través del Mesías.

El salmista tomó su posición en este conflicto. Él estaba dedicado a Dios. Él estaba asombrado de ver a las naciones del mundo conspirando para derrocar el reino de Dios. Con un sentido de indignación, tomó su pluma para alertarnos de lo que está sucediendo en el mundo, para asegurarnos de la victoria de Dios y para llamarnos al compromiso.

Este Salmo consta de cuatro párrafos de tres versos cada uno. En el primer párrafo, el salmista señala los eventos globales, se dirige a nosotros y hace una pregunta.

NUESTRA PREGUNTA

Vuelve a leer el Salmo 2:1-3. ¿Qué punto está destacando el salmista con esta pregunta de apertura?

¿Dónde ves evidencia de que el mundo se rebela contra Dios hoy en día?

Dondequiera que miremos, vemos a personas intentando construir una realidad alternativa que excluye la autoridad de Dios. Lo importante es comprender que las personas se mueven en direcciones irracionales porque se están rebelando contra *Dios*. Eso es lo que el salmista nos está ayudando a ver en el versículo 1. No hay paz en este mundo porque el mundo se resiste a la autoridad divina.

¿Qué indica el versículo 3 sobre cómo el mundo percibe el gobierno de Dios?

Lee Mateo 28:18-20. ¿Qué conexión hay entre las palabras de Jesús para nosotros aquí y en el Salmo 2:1-3?

Por todas partes hay un intento rebelde de construir un mundo sin Dios. Por eso la iglesia es tan importante. Es un recordatorio constante de que Dios todavía está allí, y de que la vida con Dios es libertad y bendición, no cadenas y esclavitud.

¿Cómo te ha dirigido la comunidad de fe de nuevo a Dios en el momento en que más lo necesitabas?

LA RISA DE DIOS

En el segundo párrafo, descubrimos cómo se siente Dios acerca de lo que está sucediendo.

Vuelve a leer el Salmo 2:4-6. ¿Significa la risa de Dios que es insensible a los efectos de la rebelión en el mundo o que piensa que es gracioso? ¿Qué nos enseña la risa de Dios sobre Él?

Mientras Dios mira este mundo desde arriba, no está mordiéndose las uñas de forma nerviosa. No se siente para nada amenazado. Él ve la rebelión humana, sin importar cuán poderosa y sofisticada sea, con desprecio. En comparación con Su poder y autoridad, los intentos de las personas rebeldes para deshacerse de esa autoridad son irrisorios. Nadie puede derrocar a Dios de Su trono.

Sabemos que Dios es bondadoso con todas Sus criaturas. Pero Él no se preocupa. Él está en control, sentado en Su trono en los cielos, y concluirá el día de gracia cuando Él lo desee.

¿Cómo cambia tu perspectiva sobre los eventos globales reconocer el control soberano de Dios?

¿Cómo has enfrentado tus propias luchas personales?

En los primeros cuatro versículos, el salmista observó la escena global. En los versículos 5 y 6, él miró hacia el futuro, cuando Dios intervendrá de manera decisiva para poner fin a la conspiración global.

Lee 1 Tesalonicenses 5:2-3. ¿Qué nos enseñan estos versos sobre las formas de «paz y seguridad» que construimos nosotros pero que excluyen la autoridad de Dios?

En el tercer párrafo, el Mesías habla.

Vuelve a leer el Salmo 2:7-9 para ver a Jesús y Su autoridad.

Lee Hechos 13:32-33. ¿A qué se refiere el «hoy» en el Salmo 2:7?

Este Salmo es una declaración del cargo mesiánico, que muchos reyes israelitas ocuparon, pero que solo Jesús cumple. En Hechos 13, Pablo citó Salmo 2 para explicar que la resurrección de nuestro Señor y Su ascensión a la gloria fueron Su coronación como Rey del mundo. Dios ha cumplido Su promesa a través de la resurrección de Cristo.

Lee Colosenses 1:16-17. ¿Por qué es importante creer que «engendrado» es diferente de «creado»?

Lee Hebreos 1:1-5. ¿Qué nos enseña la declaración de filiación de Dios sobre el reinado y la autoridad de Jesús?

Lee Juan 5:22. ¿Qué significa que Dios le ha dado a Jesús las naciones y los confines de la tierra como Su herencia y posesión (Salmo 2:8)?

Cristo no es el hijo de Dios en el sentido de que Él es «Dios Junior» Más bien, el Hijo comparte el ser y la esencia divina del Padre. Cristo es «engendrado, no creado». Él es el Ungido de Dios, el Rey eterno con autoridad absoluta sobre este mundo. En comparación, incluso los más poderosos entre nosotros son como vasijas de barro que Él puede hacer añicos en un segundo. Dios no nos está diciendo: «Aquí está Cristo. Tómalo o déjalo». Dios está diciendo: «Aquí está Cristo. Tómalo, acéptalo *como tu Rey*».

UN CONSEJO FINAL

El poeta concluye con algunos consejos para todos nosotros.

Vuelve a leer el Salmo 2:10-12. ¿Qué dijo el salmista que los reyes de la tierra deberían hacer?

¿Cómo se aplica eso a ti?

¿Qué cambios ocurrirían en tu vida esta semana si realmente buscaras refugio en Cristo?

Dios envió a Cristo para ofrecer paz a cualquiera que esté dispuesto a someterse a Su autoridad. Eso es cierto para todos nosotros, tengamos mucho poder o poco. El llamado es aceptar voluntariamente la autoridad de Jesús como el legítimo Rey del universo. Cuando lo hacemos, buscamos refugio en el único que verdaderamente posee toda autoridad.

Salmo 2, entonces, amplía nuestra visión de la realidad aclarada en Salmo 1: solo hay dos opciones. Podemos refugiarnos en el único Rey verdadero o podemos sufrir la ira del único Rey verdadero. Hay refugio *en* Cristo de la ira por venir, abierto a todos los que lo buscan en fe, pero no hay refugio *de* Cristo.

¿Por qué este mensaje de la supremacía real de Jesús es *evangelio* para nosotros?

SALMO 2

ESPERANZA REAL PARA LA VIDA COTIDIANA

Utiliza los espacios a continuación para escribir una oración o respuesta a cada entrada.

RESOLUCIÓN: Había un borde radical en la fe del salmista. Él expresó un sentido de indignación con respecto a la rebelión humana contra el Señor. Se negó a aceptar la farsa de la autonomía humana. ¿Qué piensas tú? Jesús es Rey. ¿Tiene Él tu plena lealtad, fidelidad, propósito y pasión en la vida?

FUERZA: El Señor reina —sin miedo, firme, decidido, soberano— sobre todos y todo y Él es *para ti.* ¿Qué oposición te hace sentir débil? La realidad es que en Cristo, la oposición humana no cuenta para nada.

ALEGRÍA: La introducción al Libro de Salmos comienza con «bienaventurado» (1:1) y luego vuelve a terminar con la misma palabra (2:12). «¡Cuán bienaventurados son todos los que en Él se refugian!», entonces, no es simplemente un pensamiento desechable. La bendición para los adoradores justos del Rey Jesús es alegría sin inhibiciones para siempre. Tu futuro eterno se describe más adelante en Isaías 35:10. Describe esa escena con tus propias palabras.

PROFUNDIZAR

CÓMO LEER LOS SALMOS

En la enseñanza de la sección Profundizar, Ray da tres consejos para leer y entender los Salmos:

1. ESTRUCTURA POÉTICA: Líneas paralelas que se unen para construir y mejorar la comprensión.

2. IMAGINACIÓN: Abrir nuestros ojos a las dimensiones del cuidado y compromiso de Dios que no habíamos notado antes.

3. TIPOS: Salmos de alabanza y de lamento, alegría y dolor, con patrones emergentes en ambos.

Como una forma de poner en práctica estos consejos, echa un vistazo de nuevo a los Salmos 1 y 2. Examina y considera estos dos Salmos a la luz de los tres consejos según las indicaciones a continuación.

POESÍA: Enumera cualquier línea paralela en los Salmos 1 y 2 que sirva para construir y mejorar tu comprensión. Específicamente, ¿cómo enriquecen estas líneas tu comprensión del significado de los Salmos?

IMAGEN: Identifica cualquier imagen en los Salmos 1 y 2 que haga de la verdad algo más vívido y real para ti. ¿Qué claridad te dan estas figuras retóricas sobre la realidad de quién es Dios, quién eres tú o qué sucede cuando esos dos se juntan?

TIPOS: Elige de la lista a continuación qué tipos de Salmos son los Salmos 1 y 2 (puede haber más de uno).

SABIDURÍA: Salmos instructivos que proporcionan pautas prácticas para una vida piadosa.
MESIÁNICO: Salmos reales que retratan a Cristo como el Rey soberano indiscutible.
LAMENTO: Salmos apasionados que claman a Dios para que los libre de los problemas.
IMPRECATORIO: Salmos provocativos que invocan la ira y el juicio de Dios sobre los enemigos.
AGRADECIMIENTO: Salmos agradecidos que expresan un profundo reconocimiento de las bendiciones de Dios.
PEREGRINAJE: Salmos festivos que promueven un estado de ánimo de celebración y alabanza, mientras Israel viaja a Jerusalén para las fiestas anuales, recuerda la bondad de Dios hacia ellos.
CONSAGRACIÓN: Salmos inspiradores que describen la majestad y el cuidado providencial del gobierno soberano de Dios.

Ahora observa el patrón emergente o flujo de pensamiento en el Salmo 1. El Salmo 2 se da como ejemplo.

Salmo 1:

Salmo 2: *La rebelión de la humanidad contra Dios (vv. 1-3), la respuesta de Dios a la rebelión (vv. 4-6), la autoridad divina del Mesías (vv. 7-9), instrucción resultante para la humanidad (vv. 10-12).*

Para acceder a las sesiones de enseñanza, sigue las indicaciones que se encuentran en el interior de la contraportada de este estudio.

SESIÓN DOS

VERDADERO DESCANSO

ESTUDIO EN GRUPO

COMENZAR

Da la bienvenida al grupo a la sesión 2, «Verdadero descanso».
Antes de presentar la sesión 2, tómate unos minutos para revisar la sesión 1.

Antes de comenzar con el nuevo contenido cada semana, dedicaremos un tiempo a hablar sobre las ideas que descubrimos durante el estudio personal de la semana anterior. Las preguntas de revisión serán simples, diseñadas para ayudarnos a profundizar en la esperanza real para la vida cotidiana que Dios nos da en los Salmos.

En tu opinión, ¿qué problemas de la vida cotidiana abordó el estudio de los Salmos 1 y 2?

¿Qué esperanza real te ofrecieron los Salmos 1 y 2?

¿Cuál de las tres perspectivas para estudiar los Salmos en la sección Profundizar te pareció particularmente útil? ¿De qué manera?

A lo largo de los Salmos, encontramos a los salmistas luchando con dificultades importantes y eventos traumáticos. Donde podrían ser propensos al pánico, los encontramos, en cambio, demostrando plena confianza y fe en el Señor. Esta semana, vamos a unirnos a ellos para encontrar la razón de su confianza y seguridad: la provisión siempre presente de Dios a través de la verdadera calma y descanso en un mundo de caos.

¿En qué situación actual necesitas la ayuda de Dios para un verdadero descanso?

Para prepararse para la sesión de video 2, ora y pide a Dios que ayude a cada persona a entender y aplicar esta verdad:

Nunca tienes que enfrentarte a la vida y a los desafíos que tienes ante ti como si todo lo que tienes a tu favor eres tú.

OBSERVAR

Utiliza estas declaraciones para seguir mientras ves el video de la sesión 2.

Para aprovechar al máximo el Salmo 23, considera estos tres aspectos:

1. La naturaleza personal del Salmo.

2. La trayectoria del Salmo.

3. El espíritu del Salmo.

Para acceder a las sesiones de enseñanza, sigue las indicaciones que se encuentran en el interior de la contraportada de este estudio.

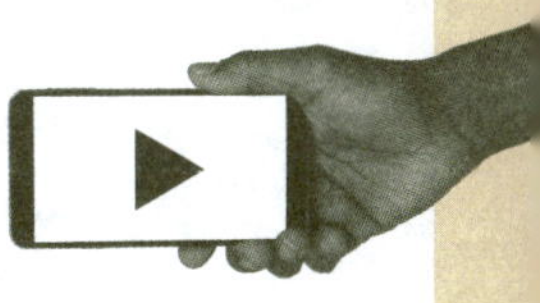

CONVERSAR

Utiliza estas preguntas y sugerencias para conversar sobre la enseñanza del video.

Lee el Salmo 23. ¿Por qué crees que este Salmo es tan conocido y amado? En el pasado, ¿qué significado ha tenido para ti el Salmo 23?

Para aprovechar al máximo el Salmo 23, Ray sugirió que consideremos estos tres aspectos:

1. La naturaleza personal del Salmo.

2. La trayectoria del Salmo.

3. El espíritu del Salmo.

¿Por qué encontrar un verdadero descanso para el alma es un asunto personal e individual?

Ray explicó que habrá un momento en que cada uno de nosotros enfrentará una crisis solo. De este lado de esa crisis, ¿cómo puedes saber si tu fe es tuya o si dependes de la fe de alguien más?

Considera las garantías que David expresa en Salmo 23. ¿Cuál de estas compartes? ¿Cuál de sus declaraciones te cuesta hacer propia? ¿Por qué?

David también enfrentó momentos de crisis. Esas crisis no definieron su vida. En cambio, experimentó un gran éxito porque llegó a conocer al Señor personalmente, como pastor, anfitrión y Dios. A la luz de la realidad de quién es Dios, David también llegó a entenderse a sí mismo como una oveja, un invitado y un adorador. Cualquiera que sea la etapa de la vida o las circunstancias que enfrentó, la historia de David siempre estaba mejorando, y también la nuestra.

¿Sueles pensar que la trayectoria de tu vida está en ascenso o en declive? ¿Por qué?

¿Cómo te alienta el versículo 6 en tu circunstancia actual?

¿Qué conocimientos adicionales te enseñan los siguientes versículos del Nuevo Testamento sobre la trayectoria de la vida que David afirma en el Salmo 23:6?

Romanos 8:28-29

Filipenses 2:13

Hebreos 12:7-11

Incluso cuando tenemos confianza en que «moraremos en la casa del SEÑOR para siempre» puede ser difícil creer que la bondad y la misericordia nos seguirán todos los días de nuestras vidas terrenales. Pero Dios siempre está obrando para Su gloria y nuestro bien definitivo. Es por eso que el Salmo 23 refleja una seguridad tranquila.

Ray usó las palabras *descanso, calma* y *expectativa* para describir el espíritu del Salmo 23. ¿Cuál de estas palabras te parece especialmente instructiva para tu relación con el Señor? Explica tu respuesta.

¿Qué situación te tienta a pensar, hablar o actuar como si todo lo que tuvieras a tu favor fueras tú? ¿Cómo te alienta el Salmo 23 en esa situación?

¿Qué otras preguntas o comentarios tienes sobre el video de enseñanza de esta sesión? ¿Qué fue desafiante, retador, alentador u oportuno en tus circunstancias actuales?

ORACIÓN

Peticiones de oración

ESTUDIO PERSONAL 1

SALMO 23

ESQUEMA DEL SALMO 23

El Señor como pastor (1-4)
El Señor como anfitrión (5)
El Señor como Dios (6)

La comunidad importa mucho, pero llegará el momento en que enfrentarás *la* crisis de tu vida completamente solo, de alguna manera. Necesitarás a Jesús. Ese evento te dejará claro que necesitas a Jesús en cada momento de cada día. El Salmo 23 nos guía fielmente hacia el descanso que Jesús proporciona.

Lee el Salmo 23. Ten en cuenta los pronombres personales utilizados en todo momento. ¿Qué nos enseñan estos casos sobre el cuidado de Dios para cada uno de nosotros?

¿Cuándo has experimentado la naturaleza personal del descanso que Dios da?

¿En qué situación necesitas experimentar el descanso de Dios personalmente?

Mientras que la fe cristiana incluye la gloriosa gracia de una comunidad útil, el corazón del Salmo es David diciendo (y nosotros diciendo junto a él): «El SEÑOR es *mi* pastor». No vemos ninguna comunidad en el Salmo 23. Cuando David cantó esta canción por primera vez, la cantó solo.

El enfoque personal e individual de este Salmo no es egoísta. El verdadero descanso para tu corazón, mente y alma no puede venir de ninguna otra manera que no sea confiar activamente en Jesús y nunca dejar de hacerlo. Para entender mejor la naturaleza personal del descanso que Dios da, considera las verdades presentadas en el Salmo 23.

VERDAD SEGÚN EL SALMO 23

El SEÑOR es mi pastor; nada me falta,

SALMO 23:1

¿Cuál de las siguientes afirmaciones refleja mejor el significado del Salmo 23:1?

- ☐ **No te preocupes. ¡Sé feliz!**
- ☐ **Lo que va a ser, será, y debería estar bien con eso.**
- ☐ **Dios está a cargo; no debería querer que ninguna de mis circunstancias cambiara.**
- ☐ **Debido a quién es Jesús para mí: responsable, comprometido, atento, cariñoso y siempre involucrado; estoy contento.**

«El SEÑOR es mi pastor» se mantiene como el encabezado sobre todos los versículos 1-4. Entonces el resto de estos versículos nos cuentan más sobre lo que significa y lo que vale que el Señor sea tu pastor. La vida es dura. Estás ocupado. Pero la vida en Cristo es descanso en movimiento. Puedes saber que, pase lo que pase, estarás bien porque el mismo Jesús se ha asegurado de ello. La Biblia entera sigue ayudándonos a entrar en este estado de calma mental.

De los siguientes versículos, ¿qué razones tienes para estar contento?

Génesis 15:1

Juan 1:16

Apocalipsis 22:17

Dios no es tacaño ni mezquino. Cristo tiene bendiciones más que suficientes para todas nuestras necesidades para siempre, y el Salmo 23 te está diciendo personalmente: «Puedes tenerlo a Él, todo de Él, para tus necesidades». Él no se contiene. ¿Por qué lo harías tú?

¿Cómo te sientes tentado a veces a llenar el espacio en blanco a continuación?

El Señor más ________________________________ son mis pastores.

¿Cuál es el peligro de intentar seguir a múltiples pastores?

JESÚS + NADA = TODO

Luchamos para descansar cuando nuestro corazón comienza a decir: «El Señor más __________ son mis pastores». Lo que decimos *en realidad* es que __________ es mi pastor. Pero el único verdadero pastor es Jesús resucitado. La forma de encontrar verdadero descanso es dejar ir a cada falso pastor, y tomar a Jesús en toda Su plenitud.

Dispones ante mí un banquete
  en presencia de mis enemigos.
Has ungido con aceite mi mente;
  has llenado mi copa a rebosar.

SALMO 23:5, LBLA

La segunda metáfora utilizada en el Salmo 23 retrata al Señor como tu anfitrión. ¿Qué proporciona Dios como tu «Anfitrión»?

¿Cuál es la relación entre la provisión de Dios y el descanso para tu corazón, mente y alma?

¿Cuándo has experimentado la provisión y el descanso del Señor en tu necesidad?

Tendrás enemigos (2 Timoteo 3:12). Las personas que no confían en Jesús como pastor y anfitrión percibirán tu satisfacción y descanso en Él de manera extraña o como un reproche. Pero cuando las personas te expulsen, el Señor te acogerá. Ninguna oposición puede bloquear Su apoyo. ¿Y qué importa quién sea tu enemigo, si Jesús es tu amigo? Él alimentará, refrescará y llenará tu alma a lo largo de tu vida de maneras que no puedes explicar.

> Seguro estoy de que la bondad y el amor
> me seguirán todos los días de mi vida;
> y en la casa del SEÑOR
> habitaré para siempre.
>
> **SALMO 23:6, LBLA**

Las metáforas desaparecen, y entramos en la realidad literal. La «casa del SEÑOR» es el templo de Dios, el lugar donde sientes Su presencia. Ser la oveja del Señor es bueno. Ser el invitado del Señor es mejor. Pero, ¿estar atrapado en Su gloria? La palabra para eso es *cielo*. Ninguna sombra de muerte, ningún mal, ningún enemigo; el Señor mismo será tu alegría para siempre.

Lee Romanos 8:38-39. ¿Cómo expresa Pablo el mensaje del Salmo 23:6?

Lee Filipenses 1:6. ¿Qué descanso hay para tu alma en esos momentos en los que tu corazón se desvía?

La bondad y misericordia de Dios, no Su ira y juicio, seguirán persiguiéndote. Eso es lo que realmente significa el verbo traducido como «seguir» en el versículo 6. El Señor no nos está alcanzando; Él nos está persiguiendo. Dios no espera a que Sus adoradores vayan a Él; Él sale, los encuentra y nos trae. Muchas veces, hasta que no hay sombra de muerte, ni amenaza de enemigos, ni siquiera el impulso en nuestros propios corazones para desviarnos, Él nos trae de vuelta. Estamos perfectamente en paz en Él.

SALMO 23

VERDADERO DESCANSO

Esto es lo grandioso de Jesús, nuestro pastor, nuestro anfitrión, nuestro Dios: Él puede adelantarnos cualquier día de la semana. Y Él lo hará fielmente. Nuestro problema de descanso del corazón, mente y alma no es acerca de quién es Jesús; sino de nuestro rechazo de la realidad de quién es Él. Cuando no lo seguimos como pastor, recibimos Su provisión como anfitrión y lo adoramos como Dios, nuestra perspectiva de la realidad queda atrapada en una mentira agotadora. Todavía enfrentaremos esas crisis de la vida completamente solos, necesitando a Jesús personalmente. Sin embargo, en esos momentos, nuestros pronombres singulares no ofrecerán esperanza, solo desesperación.

Considera el antipsalmo 23 de David Powlison:

> Estoy solo.
> Nadie cuida de mí ni me protege.
> Experimento una sensación continua de necesidad.
> Nada está del todo bien.
> Siempre estoy inquieto.
> Me frustro fácilmente y a menudo me siento decepcionado.
> Es una jungla, me siento abrumado.
> Es un desierto, tengo sed.
> Mi alma se siente rota, retorcida y atascada.
> No puedo arreglarme a mí mismo.
> Tropiezo por algunos caminos oscuros.
> Aún así, insisto: quiero hacer lo que quiero, cuando quiero, como quiero.
> ¿Qué hago con esto?
> Pero la vida es confusa.
> ¿Por qué las cosas nunca realmente funcionan?
> Estoy atormentado por la desolación y la vanidad, sombras de la muerte.
> Tengo miedo del gran dolor y la pérdida final.
> La muerte me está esperando al final de cada camino,
> pero preferiría no pensar en eso.
> Paso mi vida protegiéndome a mí mismo.
> Pueden suceder cosas malas.
> No encuentro consuelo que dure.
> Estoy solo... enfrentándome a todo lo que podría lastimarme.

¿Mis amigos son realmente amigos?
Otras personas me utilizan para sus propios fines.
Realmente no puedo confiar en nadie.
Nadie me respalda.
Nadie realmente está para mí, excepto yo.
Y estoy tan centrado en MÍ, que a veces es desagradable.
No pertenezco a nadie excepto a mí mismo.
Mi taza nunca está bastante llena.
Me he quedado vacío.
La decepción me sigue todos los días de mi vida.
¿Simplemente me destruirán hasta convertirme en nada?
¿Estaré solo para siempre, sin hogar, cayendo libremente al vacío?
Sartre dijo, «El infierno es otras personas».
Tengo que agregar, «El infierno también soy yo».
una muerte en vida, y luego muero.[1]

Subraya cualquier declaración en el antipsalmo que tiendas a creer.

Ahora lee el Salmo 23 de nuevo. ¿Qué afirmaciones de la realidad contradicen esos pensamientos que subrayaste?

Escribe esas verdades junto a las declaraciones que marcaste.

1. David Powlison, «Fe sana en la locura de la vida (Parte 1)», Fundación Cristiana de Consejería y Educación, 19 de mayo de 2009, www.ccef.org/fe-sana-en-la-locura-de-la-vida/.

ESTUDIO PERSONAL 2

SALMO 130

ESQUEMA PARA EL SALMO 130

La verdadera fe clama a Dios (1-2)
La verdadera gracia nos humilla para reverenciar al Señor (3-4)
La verdadera fe anhela a Dios (5-6)
La verdadera gracia redime generosamente todos nuestros pecados (7-8)

Lo que estamos descubriendo es que los Salmos nos guían hacia nuestra realidad personal con el Dios viviente. Esa realidad no es prolija o correcta, y no puede ser falsificada. Lo que más importa de ti es cómo ves a Dios. Sin una visión correcta de Dios, no hay una comprensión correcta de uno mismo, y no hay verdadero descanso.

Lee el Salmo 130.
¿Cuál de los siguientes puntos caracteriza mejor la necesidad del salmista?

Ayuda en una circunstancia externa,

rescate de enemigos,

rescate del pecado interior,

ayuda para superar la tentación.

¿Puedes identificarte con la emoción del salmista respecto a su necesidad o te parece extraño? ¿Por qué?

¿Cuál es la relación entre el arrepentimiento y el descanso?

El Salmo 130 es un Salmo de lamento triste, que nos enseña que una persona de verdadera fe es honesta acerca de sus luchas y dificultades. Pero la fe verdadera no se estanca en las luchas; se abre camino para llegar a la esperanza, la confianza desbordante y la redención abundante. Y donde hay redención, hay verdadero descanso.

LUCHANDO EN HONESTIDAD

Desde lo más profundo, oh SEÑOR, he clamado a ti.
¡Señor, oye mi voz!
Estén atentos tus oídos
a la voz de mis súplicas.

SALMO 130:1-2, LBLA

¿Cómo describirías el estado de ánimo del salmista?

¿Cuáles son algunas formas diferentes en que las personas responden cuando se sienten distantes de Dios o sienten una sensación de desaprobación de Dios?

¿Qué te enseña el Salmo 130:1-2 sobre el camino de regreso a Dios?

El salmista había caído a un lugar de profundo alejamiento de Dios, abrumado con una sensación de desaprobación y desagrado de Dios. Él sabía que había pecado profundamente y que Dios perdona el pecado (v. 4), pero aún no tenía una sensación palpable del profundo perdón de Dios. De hecho, él se sintió abandonado por Dios. Y eso es un pozo profundo. Pero el Salmo 130 también señala el camino de regreso a Dios: una honestidad urgente con Dios que deja de lado las apariencias y clama en humildad.

Lee Marcos 2:17. ¿A quién le da descanso Jesús?

A través de la obra terminada de Cristo en la cruz, y solo en Cristo, experimentamos el perdón y Dios se entrega a nosotros de nuevo.

> Si tú, SEÑOR, tomaras en cuenta los pecados,
> ¿quién, Señor, se mantendría en pie?
> Pero en ti se halla perdón
> y por eso debes ser temido.
>
> **SALMO 130:3-4**

Reescribe la pregunta «Si» del salmista con tus propias palabras.

¿Qué sabía el salmista acerca de Dios?

El cristianismo es una religión de castigo moral y de ajuste de cuentas, pero no de la manera en que la gente a menudo piensa. Dios saldó la cuenta a través de Jesús, quien tomó nuestro lugar como nuestro sustituto en Su cruz. Dios hizo cumplir la justicia para saldar la cuenta. Él exigió todo, pero no de nosotros. Cristo intervino como nuestro sustituto dispuesto y cumplió la demanda en nuestro lugar. *Por eso* con Dios hay perdón. Él no barrió el pecado bajo la alfombra; Él lo clavó en la cruz.

¿Cómo quiere Dios que el reconocimiento de Su perdón impacte en tu vida?

Si sabemos lo que significa sufrir en lo más profundo, no podemos minimizar lo que le costó a Dios levantarnos. La gracia no produce personas imprudentes y arrogantes. La gracia nos humilla a un tipo de profundidad diferente, dulce; a un profundo asombro por el Señor: «Por eso debes ser temido» (v. 4).

Espero en el SEÑOR; en Él espera mi alma,
y en Su palabra tengo mi esperanza.
Mi alma espera al Señor más que
los centinelas a la mañana;
sí, más que los centinelas a la mañana.

SALMO 130:5-6, LBLA

¿Qué estaba esperando el salmista? Mientras él esperaba, ¿dónde puso su esperanza?

Si tus pecados se presentan ante ti, acusándote, atormentándote y arrastrándote a las profundidades de la vergüenza y la desesperación, Dios es capaz de pronunciar una palabra de liberación a tu corazón. Míralo a Él y espera por Él. Él vendrá a ti y hablará con seguridad, tan seguro como el amanecer. Pon tu esperanza en Él y abre tu corazón al evangelio como Su palabra hablada *personalmente para ti*, porque lo es.

El salmista sabe lo que necesita para salir de las profundidades: que Dios adapte el evangelio a su corazón. Dios quiere que sepas no solo que Él perdona los pecados, sino que perdona *tus* pecados. Los versículos 5-6 te enseñan a anhelar que Dios te dé descanso de la noche de la oscuridad con el amanecer de Su seguridad. Dios es capaz de derramar Su amor en tu corazón a través del Espíritu Santo cuando le crees, para que disfrutes la libertad que trae Su perdón soberano.

¿Qué garantías te dan los siguientes versículos sobre el perdón de Dios?

Salmo 103:10-13

Malaquías 4:2

1 Juan 1:7-9

ESPERANZA EN EL SEÑOR

Oh Israel, espera en el SEÑOR,
porque en el Señor hay misericordia,
y en él hay abundante redención;
él redimirá a Israel
de todas sus iniquidades.

SALMO 130:7-8, LBLA

Vimos el énfasis personal e individual del descanso del Señor en el Salmo 23 y en los primeros seis versículos del Salmo 130. Pero aquí en los versículos 7-8, la relevancia del descanso se amplía mucho más allá de las luchas personales de una persona. Este Salmo de lamento también es uno de los Salmos de ascenso que habrían sido cantados mientras los israelitas se dirigían a Jerusalén para celebrar las fiestas y festivales. Estas verdades les ayudaron a preparar sus corazones mientras hacían su camino. Están aquí en las riquezas de la Palabra de Dios para preparar nuestro corazón a lo largo del camino.

¿Qué enseña el testimonio del salmista desde las profundidades de la desesperación a otras personas para que sepan con certeza sobre el Señor?

Vuelve a leer el versículo 4. ¿Qué te enseña el aspecto comunitario de los versículos 7-8 sobre el propósito más grande de Dios en tu perdón?

¿Dios pretende que tu experiencia de perdón tenga un propósito fuera de ti mismo? ¿Cómo sucederá eso?

SALMO 130

VERDADERO DESCANSO

Utiliza los espacios a continuación para escribir una oración o respuesta a cada entrada.

SOLUCIÓN: No tienes que estar atrapado en tu propia historia, pequeñez, aislamiento y tristeza. Clama al Señor acerca de tu gran necesidad, y recibe Su *abundante* perdón y justicia.

SEGURIDAD: Si estás en Cristo, entonces mírate como eres, tan completamente perdonado como un pecador puede estarlo. Camina en esa verdad con confianza y alegría.

RELACIONES: Cada persona que conoces que cree en Cristo es un pecador totalmente perdonado. No hay ninguna buena razón para que te aferres al rencor y dejes que el resentimiento robe tu alegría.

COMPARTIR: Cada persona que aún no se ha vuelto a Cristo en fe, un día gritará desde lo más profundo pidiendo Su misericordia. Entonces necesitan encontrar descanso en Él ahora, antes de que sea demasiado tarde. ¿Compartirás el testimonio que Él te ha dado?

ADMIRACIÓN: Nadie más en todo el universo es tan lento para enojarse y tan rico en misericordia como el Dios a quien has ofendido profundamente. ¿Por qué no atreverse a creer en la majestuosidad de Su perdón?

PROFUNDIZAR

SALMOS PARA LA CALMA PERSONAL

En la sesión de video, Ray dio una herramienta práctica para profundizar en los Salmos para llegar a esos pastos verdes y aguas tranquilas y permanecer allí. Intenta poner esa herramienta en práctica. Comienza subrayando, rodeando o resaltando las palabras que te llamen la atención en el texto del Salmo 23.

El SEÑOR es mi pastor; nada me falta,
  en verdes pastos me hace descansar.
Junto a tranquilas aguas me conduce;
  me infunde nuevas fuerzas.
Me guía por sendas de justicia
  haciendo honor a Su nombre.
Aun si voy por valles tenebrosos,
  no temeré ningún mal
porque tú estás a mi lado;
  tu vara y tu bastón
  me reconfortan.
Dispones ante mí un banquete
  en presencia de mis enemigos.
Has ungido con aceite mi mente;
  has llenado mi copa a rebosar.
Seguro estoy de que la bondad y el amor
  me seguirán todos los días de mi vida;
y en la casa del SEÑOR
  habitaré para siempre.

SALMO 23

Ahora, en la página opuesta, escribe tus pensamientos, oraciones y preocupaciones a medida que el Espíritu te da nuevas perspectivas sobre el texto.

Para acceder a las sesiones de enseñanza, sigue las indicaciones que se encuentran en el interior de la contraportada de este estudio.

SESIÓN TRES

VERDADERA HONESTIDAD

ESTUDIO EN GRUPO

COMENZAR

Da la bienvenida al grupo a la sesión 3, «Verdadera honestidad».
Antes de presentar la sesión 3, tómate unos minutos para revisar la sesión 2.

Como hicimos la semana pasada, queremos dedicar un tiempo a revisar la sesión anterior y el estudio personal que siguió. Mientras estudiamos los Salmos, estamos encontrando la esperanza real para la vida cotidiana que Dios da.

¿Qué problemas de la vida cotidiana abordó para ti el estudio de los Salmos 23 y 130?

¿Qué esperanza real te ofrecieron los Salmos 23 y 130 en esos problemas?

¿Cómo te guio la herramienta práctica para profundizar en los Salmos hacia pastos verdes y aguas tranquilas? ¿Cómo podría la práctica de escribir en un diario ayudarte a mantener un espíritu de verdadero descanso en el Señor?

En el caos de este mundo, es difícil descansar en un espíritu de calma. Los Salmos, sin embargo, nos enseñan que el Señor es digno de nuestra esperanza y confianza. Un espíritu de descanso no es una reflexión hipotética. Se muestra verdadero en tiempos de problemas externos, e incluso en conflictos internos cuando hemos pecado contra el Señor. Esta semana vamos a descubrir el papel que juegan la honestidad y el arrepentimiento en encontrar esperanza real para la vida cotidiana.

¿En qué situación actual necesitas la ayuda de Dios de verdadera honestidad?

Para prepararte para la sesión de video 3, ora para que Dios ayude a cada persona a entender y aplicar esta verdad:

La fe verdadera hace preguntas difíciles, lucha y enfrenta las cosas de nosotros mismos que más nos asustan.

OBSERVAR

Utiliza estas declaraciones para seguirlas mientras ves el video de la sesión 3.

Tres ideas para aprovechar al máximo el Salmo 51:

1. El trasfondo.

2. El punto culminante.

3. La conclusión.

Para acceder a las sesiones de enseñanza,
sigue las indicaciones que se encuentran
en el interior de la contraportada de este estudio.

CONVERSAR

Utiliza estas preguntas y sugerencias para conversar sobre la enseñanza del video.

Al final del video de enseñanza, Ray dijo: «Rara vez nos disculpamos por algo». ¿Qué piensas sobre eso? ¿Por qué crees que tendemos a tener dificultades para ser honestos sobre nuestros errores?

¿Por qué es importante que seamos honestos con Dios y entre nosotros sobre nuestros errores? ¿Qué hay de peligroso en ocultar el pecado en la relación con Dios? ¿Y en nuestras relaciones con otras personas?

La autenticidad y honestidad tan abiertamente expresadas en los Salmos a veces nos sorprenden. Eso podría ser porque luchamos para expresar honestamente nuestra realidad a Dios y a otras personas. Pero eso no nos libra de la responsabilidad. Los Salmos están en la Palabra de Dios para ayudarnos a avanzar hacia una apertura profunda y honesta. El Salmo 51 es un gran ejemplo, y Ray ofreció tres ideas para sacarle el máximo provecho.

1. El trasfondo.

Repasa el trasfondo de la historia de David en 2 Samuel 11-12. ¿Estos detalles dificultan tu comprensión de por qué Dios diría que David era «un hombre conforme a mi corazón, que hará toda mi voluntad» (Hechos 13:22)? ¿Por qué?

Ahora lee el Salmo 51:1-15. ¿Todavía te resulta difícil entender por qué Dios haría tal afirmación sobre David? ¿Por qué no?

¿De qué maneras podemos relacionarnos con el trasfondo de David? ¿De qué maneras quiere Dios que nos relacionemos con el corazón de David en el Salmo 51?

2. El punto culminante.

Lee el Salmo 51:16-17. Basado en la declaración de David aquí, ¿cómo deberíamos definir el verdadero arrepentimiento ante Dios?

- ☐ **Remordimiento**
- ☐ **Buen comportamiento**
- ☐ **El sacrificio de los deseos**
- ☐ **Una postura de humildad y quebrantamiento**
- ☐ **Una disculpa**

Lee Isaías 57:15. ¿Cómo desarrollamos un espíritu contrito y humilde ante Dios en respuesta a nuestro pecado?

¿Cómo aconsejarías a alguien que quiere saber cómo humillarse en el lugar de quebrantamiento ante Dios?

3. La conclusión.

Lee el Salmo 51:18-19. Si entendemos la frase «edificar los muros» como la moral, cohesión y unidad del pueblo de Dios, ¿qué responsabilidad tenemos cada uno con nuestras iglesias cuando pecamos?

Ray preguntó: «¿Qué pasaría si el verdadero arrepentimiento se vuelve viral entre nosotros en nuestra generación?». ¿Cómo podría eso comenzar entre nosotros? ¿Qué desafíos tendríamos que superar? ¿Qué beneficios experimentaríamos?

¿Qué otras preguntas o comentarios tienes sobre el video de enseñanza de esta sesión? ¿Qué fue desafiante, retador, alentador u oportuno en tus circunstancias actuales?

ORACIÓN

Peticiones de oración

ESTUDIO PERSONAL 1

SALMO 51

ESQUEMA PARA EL SALMO 51

Petición introductoria (1-2)
Lamento (3-6)
Petición importante (7-12)
Voto de reconocimiento (13-17)
Oración por el pueblo de Dios (18-19)

David había pecado. Él tomó a la esposa de otro hombre, la embarazó, organizó la muerte de su esposo y luego durante aproximadamente un año actuó como si nada estuviera mal. Ahora David estaba volviendo a Dios con un corazón lleno de quebrantamiento. El arrepentimiento bíblico no es solo alejarse del pecado; es volver a Dios, porque Él es misericordioso con los pecadores. En el Salmo 51 es donde encontramos a David. Era como el hijo pródigo (Lucas 15:11-32), finalmente volvió tropezando hacia la casa de su padre, admitiendo honestamente todo.

Lee el Salmo 51. ¿Por qué este Salmo es personalmente aplicable a cada persona, no solo a aquellos que cometen pecados que consideras especialmente horribles?

¿Por qué es la confesión de pecados una parte necesaria de la verdadera fe en Jesús?

El evangelio no elimina la necesidad de arrepentimiento de los pecados, sino que provee para esa necesidad en Jesús. Puedes confesar tus pecados porque Jesús murió por ellos. Sin embargo, si te ves a ti mismo por encima del arrepentimiento, no sabes nada del evangelio (1 Juan 3:6), y tu «cristianismo» es tu propia adulación religiosa. El verdadero evangelio no crea personas superiores; el evangelio crea personas que confían en Jesús lo suficiente como para enfrentarse a sí mismas honestamente y asumir la responsabilidad.

Lea Mateo 11:28. ¿Cuáles son algunas razones por las que a veces cargamos con un pecado que Dios nos invita a dejar ante Él en confesión?

HONESTIDAD PERSONAL

Vuelve a leer el Salmo 51:1-2 y considera qué te enseñan las palabras de David sobre Dios y sobre ti mismo. Registra esas verdades en las columnas proporcionadas.

Verdades sobre Dios	Verdades sobre mí

Ningún pecador ha ido jamás a Dios en confesión de pecado, reconociendo la misericordia, el amor y la gracia de Jesús en la cruz, y ha sido rechazado; y nadie nunca lo será. Lo que vemos de nosotros mismos aquí son transgresiones, iniquidad y pecado. Pero Dios es famoso por Su gracia, amor y misericordia. *Él* es la razón por la que podemos arrepentirnos. El mismo pecado que preferiríamos ignorar, Dios lo quiere borrar. ¿Qué estás esperando?

¿Alguna vez has tenido dificultades para confesar pecados y pedir perdón a aquellos a quienes has hecho daño, o a Dios mismo? ¿Qué creencias erróneas subyacentes hacen que eso suceda?

El pecado siempre debe ser visto desde la perspectiva de Dios. Él es el que determina qué es y qué no es pecado. El perdón es necesario para absolver nuestra culpa y restaurar la relación de maldad entre nosotros y Dios. La Biblia nos asegura que Dios está dispuesto a perdonarnos y a limpiarnos de todo pecado (1 Juan 1:9), pero a veces evitamos pedir el perdón de Dios por nuestro orgullo. Cada uno de nosotros ha pecado y se ha alejado del diseño de Dios para nosotros (Romanos 3:23). Cuando reconocemos eso y confesamos honestamente esos pecados, siempre lo encontraremos listo para perdonarnos.

Vuelve a leer el Salmo 51:3-6. ¿Qué palabras usó David para describir su pecado?

¿Por qué son importantes las palabras directas de David?

¿Alguna vez has pensado en tu propio pecado como «malo» y has usado esa palabra para describir algo que has hecho? ¿Por qué sí o por qué no?

El mal es una palabra humillante. Cuando pecamos, preferimos decir «Me equivoqué» o «Tuve un mal día». Pero si Dios es bondadoso, amoroso y misericordioso, podemos dejar de mentirnos a nosotros mismos con palabras suaves. La verdadera confesión y arrepentimiento confía en Dios lo suficiente como para usar palabras directas. Reconocer el pecado como Dios lo ve es la única manera de liberarse.

Vuelve a leer los versículos 7-12. ¿Qué pregunta David en cada verso?

v. 7

v. 8

v. 9

v. 10

v. 11

v. 12

David no tiene miedo de que pueda perder su salvación; tiene miedo de que pueda perder su unción, la bendición de Dios que acompañaba ser rey. Dios ha puesto Su bendición en Su iglesia y puede quitarla; no porque sea arbitrario, sino porque Él es íntegro. Dios no puede bendecir el pecado oculto, no confesado, protegido. Después de todo, ningún pecado está oculto de Dios. Entonces permanezcamos humildes ante el Señor. Seamos amables el uno con el otro. No insistamos en ganar, sino siempre estemos dispuestos a perder, y la presencia sentida del Señor descansará gustosamente sobre nosotros.

¿Cuál es nuestro papel en la renovación y restauración? ¿Cuál es el papel de Dios?

La alegría de la comunión con Dios es uno de Sus mayores regalos. La pérdida de esa compañía es la mayor tragedia. Para David, la salvación de Dios significaba liberación y libertad de las consecuencias internas del pecado. El pecado lo había atado y agobiado, quitándole su energía y esperanza. Cuando Dios restauró la alegría de Su salvación, significó que había liberado a David de la carga y la culpa de su pecado. ¡David podría *vivir* de nuevo!

Vuelve a leer el Salmo 51:13-17.

¿Qué le promete David a Dios en estos versículos?

¿Son estas mismas promesas parte del camino de arrepentimiento de cada persona? ¿Por qué?

¿Qué tipo de sacrificios desea el Señor? ¿Cómo nos ayuda esto a pensar más claramente sobre lo que es el arrepentimiento?

¿Cómo serían estos sacrificios en tu vida?

David no está trivializando los sacrificios en el tabernáculo. ¡Eran predicciones de la cruz representadas! Pero él está diciendo que podría pasar por todas las acciones correctas con un corazón equivocado. Dos cosas son hermosas para Dios: la obra terminada de Cristo en la cruz, y el espíritu quebrantado y el corazón contrito que abraza la cruz. ¡Cuando Jesús nos perdona por Su sangre, no estrechamos Su mano! Humillados por lo que le costamos allí, decidimos vivir plenamente para Él.

HONESTIDAD PÚBLICA

Vuelve a leer el Salmo 51:18-19.

¿Por qué están aquí estos versículos? Porque David era un líder. Sus pecados personales dañaron la causa pública del evangelio en su generación. «Sión» es la ciudad de Dios, la comunidad socialmente visible donde Cristo vive en el mundo hoy. La llamamos la iglesia cristiana. Y cuando David oró «Construye los muros de Jerusalén», quería decir: «Reconstruye los muros dañados», aunque no los muros literales. Él estaba preocupado por las personas, porque su mal ejemplo había perjudicado y dañado toda la causa de Cristo.

¿Por qué es necesario el arrepentimiento público en la iglesia hoy en día?

La necesidad de arrepentimiento público no es solo para los líderes. Cada uno de nosotros importa. Cuando confesamos personal y públicamente y nos arrepentimos de nuestros pecados, hacemos al verdadero Jesús imposible de ignorar. Y así es como se reparan los muros.

¿Cómo te libera el Salmo 51 para ser honesto con Dios y contigo mismo?

SALMO 51

VERDADERA HONESTIDAD

Utiliza los espacios a continuación para escribir una oración o respuesta a cada entrada.

AUTENTICIDAD: Sin la honestidad de la confesión y el arrepentimiento ante Dios y los demás, nuestras vidas están marcadas por la hipocresía, tanto personal como públicamente. Pero con honestidad de confesión y arrepentimiento ante Dios y los demás, nuestras vidas se convierten en muestras reconocibles del mensaje del evangelio. ¿Dónde necesitas mayor autenticidad ante Dios? ¿Ante otros?

COMUNIDAD: No solo depende de los líderes de la iglesia. Cada miembro de la iglesia de Cristo es una figura pública, de pie juntos lado a lado en sagrado pacto ante el Señor para Su gloria. No estás escondido. Tu voz para Cristo resuena fuertemente. ¿Estás simplemente presente en la comunidad del pueblo de Dios, o participas activamente en el arrepentimiento compartido?

TESTIMONIO: Los «muros» de la iglesia de Cristo ciertamente han sido dañados, tanto personal como públicamente. Pero Dios usa el testimonio de nuestra confesión y arrepentimiento honestos para reconstruir. Tienes una historia que contar, y esa historia está destinada a ayudar a otros a encontrar esperanza en el poder de Cristo resucitado.

AVIVAMIENTO: No podemos esperar un avivamiento sin primero entrar en un espíritu de confesión y arrepentimiento honestos. Y tú tienes un papel importante en eso. El avance de la iglesia global se fortalecerá a través de *tu* espíritu de fe y arrepentimiento, por Su gracia, para Su gloria.

ESTUDIO PERSONAL 2

SALMO 73

ESQUEMA DEL SALMO 73

El problema: «Tenía envidia de los arrogantes» (1-3)
Todo está bien para ellos (4-12)
¡Pobre de mí! (13-15)
«Entonces discerní...» (16-17)
¡Qué tonto soy! (18-22)
Está todo *tan* bien para mí (23-26)
El privilegio: «Es bueno estar cerca de Dios» (27-28)

El hombre que escribió el Salmo 73 se había alejado de Dios, no a nivel de comportamiento, sino en su corazón. Y él fue honesto al respecto. Su nombre era Asaf, y él tenía preguntas que casi le hicieron perder su fe.

¿Con qué preguntas sobre Dios, tú mismo y el mundo has lidiado en algún momento de tu vida?

- ☐ **¿Por qué Dios permite que les sucedan cosas malas a las personas buenas?**
- ☐ **¿Por qué Dios permite que las personas malvadas tengan éxito?**
- ☐ **Si Dios realmente me ama, entonces ¿por qué me siento tan vacío?**
- ☐ **Si el evangelio realmente funciona, ¿por qué quiero vivir para mí mismo como todos los demás?**
- ☐ **Otro:____**

Esas preguntas, ¿han impactado en tu fe? ¿De qué manera?

Si has luchado con esas preguntas u otras similares, no estás solo. Por eso el Salmo 73 está en la Biblia. Asaf vio a personas malas tener éxito y a personas buenas fracasar, y eso lo alejó de Dios. Pero Dios se aferró a Asaf y lo ayudó, tuvo misericordia de él y lo cambió. Asaf tropezó en su camino para disfrutar mejor de Dios de lo que incluso sabía que existía. El Salmo 73 es el punto de avance de Dios para cada uno de nosotros que está secretamente decepcionado con Dios y que duda que la tristeza alguna vez cambiará.

UN PROBLEMA FAMILIAR

Lee el Salmo 73:1-12. ¿Cuál era el problema de Asaf (v. 1-3)?

Asaf sabía que había personas fieles que estaban experimentando a Dios y disfrutando de Su bondad (v. 1), pero él no era uno de ellos (v. 2). Él no negaba que su experiencia fuera real, pero no sentía una conexión con ese tipo de vida. En cambio, se sintió atraído por las personas que vivían vidas descuidando a Dios, y quería unirse a ellos (v. 3).

Los versículos 4-12 describen a personas arrogantes y pecadoras. ¿A quién miras con este tipo de envidia?

Esencialmente, Asaf concluyó: «Todo está bien para ellos» (v. 12). Y todos entendemos ese pensamiento, ¿no es así? Los adinerados de este mundo pueden permitirse levantar barreras entre ellos y los problemas de la gente promedio. Si sus fondos de jubilación caen un 40 por ciento, todavía tienen toneladas de dinero. Y lo que vemos en estos versículos y en nuestra experiencia es que llegaron allí al *romper* las reglas. En este mundo, la avaricia y la arrogancia *triunfan*. Simplemente así es. Este mundo hace todo mal, a propósito, y parece que la obra funciona.

Lee el Salmo 73:13-15. ¿Cómo veía Asaf su caminar con el Señor? ¿Puedes relacionarte?

Asaf sintió que había renunciado a tanto por Dios, y el sacrificio no valía la pena. Pero él no podía *admitir* que estaba pensando de esta manera. Él sabía que sus dudas solo perturbarían la fe de otras personas. Así que sufrió solo. Él siguió sonriendo y yendo a la iglesia. Pero no hablaba de eso. Así es como él se sintió. Pero Dios no lo había abandonado. Dios lo encontró de una manera profunda.

Lee el Salmo 73:16-20. ¿Qué ayudó a Asaf a ajustar su perspectiva? ¿Qué pudo discernir él?

LA CLARIDAD DEL ASOMBRO

Finalmente, llegó un día en que Asaf vio algo nuevo. Él pensó que había mirado los hechos, pero no los había mirado todos. Pensó que había visto demasiado de la realidad, pero no había visto suficiente. Finalmente, él vio el infierno: «Allí comprendí el fin que les espera» (v. 17).

¿Qué te enseñan los siguientes versículos sobre la realidad de una vida vivida aparte de Dios?

Mateo 10:28-31

Mateo 25:41-46

2 Tesalonicenses 1:9

Apocalipsis 20:15

¿Por qué el evangelio de Dios incluye tanta honestidad sobre la dura realidad de la desobediencia pecaminosa?

La autocompasión distorsiona la realidad. Hablamos hasta quejarnos. Si todo lo que puedes ver es este mundo presente, te *convertirás* en un amargado. ¿Pero quién envidia a los elegantes ricos mientras abordan el lujoso transatlántico *Titanic*? En los versículos 1-15, el salmista miró a este mundo; luego algo cambió y vio el mundo con asombro. La envidia había deformado su percepción. Las apariencias lo habían engañado, pero luego comenzó a traspasar la realidad. Asaf comenzó a cambiar, y nosotros también podemos. El asombro consagrado le dio a Asaf *claridad*.

¿Qué puedes ver mejor cuando estás mirando primero a Dios?

Lee el Salmo 73:23-26. ¿Cuál fue la evaluación honesta que Asaf hizo de sí mismo?

¿Cuál fue su nueva y honesta evaluación de Dios?

El problema de Asaf era su propio corazón «bestial» hacia Dios (v. 22). Dios le dio a Asaf tres segundos de visión en el infierno, lo cual es mejor que tres años de clases en el seminario. Él se despertó. Se arrepintió. Asaf finalmente lo entendió. Él vio su vida de una manera nueva y veraz, con un sentido de asombro y privilegio ante Dios.

Con Su fuerza en nuestra debilidad, Dios nos guía continuamente. ¿Cuál es tu papel en ese proceso?

¿Qué verdades sobre Dios en estos versículos llaman más tu atención en tu circunstancia actual de manera personal? ¿Por qué?

Incluso cuando somos tercos, Dios todavía nos sigue sosteniendo. Nuestras crisis no derrocan Sus misericordias. Su fuerte compromiso con nosotros es más duradero que nuestro frágil compromiso con Él. Él ha decidido alejarnos de la envidia de este mundo y llevarnos a desearlo a Él, y Él no será negado.

Lee el Salmo 73:27-28.

¿Qué buen propósito tiene Dios en tu vida cuando experimentas el mal y el sufrimiento en este mundo?

Compara los versículos 15 y 28. ¿Sobre qué estaba listo para hablar Asaf? ¿Por qué?

¿Por qué un nuevo encuentro con Dios siempre debería resultar en un testimonio público?

Este hombre era un incrédulo silencioso; ahora, un adorador expresivo. Dios quiere que hagas la misma transición hoy. Aquí está la clave: Jesús murió para darte a *Dios* para siempre.

¿Qué te enseñan los siguientes versículos sobre los propósitos de Dios en tus preguntas?

1 Pedro 3:18

Lee el Salmo 16:11.

Filipenses 3:8

Cuando Dios gana nuestros corazones de esta manera, las disciplinas de santidad ya no se sienten como privación; se convierten en un festín de disfrutar a Dios.

SALMO 73

VERDADERA HONESTIDAD

Utiliza los espacios a continuación para escribir una oración o respuesta a cada entrada.

LIBERTAD: Asaf era honesto. Él le contó a Dios y a nosotros sobre sus verdaderas luchas. Cuando ese tipo de honestidad se propaga en una iglesia, la ayuda que todos sienten aumenta exponencialmente. ¿Qué preguntas o problemas necesitas confesar a Dios y a Su pueblo con honestidad para que puedas recibir Su descanso?

PRACTICIDAD: Asaf era práctico. No estaba interesado en los puntos más sutiles de la interpretación de la Biblia. Él quería que Dios fuera real para él. ¿Y tú? Si deseas a Dios, estás sintiendo el deseo más profundo de todos.

ALIVIO: Quizás la palabra más importante de todo el Salmo es la palabra hasta» en el versículo 17. Asaf estaba en angustia secreta *hasta* que Dios lo encontró. Si estás frustrado con Dios, no te rindas. Clama a Él y Él programará en tu vida un «hasta», cuando Él te encuentre de una nueva manera.

CAMBIO: Asaf pasó de la envidia de los arrogantes (v. 3) a desear a Dios (v. 25). Lo que cambió fueron sus emociones. ¿Crees en Dios, pero careces de deseo por Él? ¿Sientes envidia de este mundo y estás enojado en secreto porque Dios no te está dando la vida que tenías en mente? Sé honesto sobre eso e invita a Dios a ablandar tu corazón endurecido. Él lo hará.

PROFUNDIZAR

SALMO DE LAMENTO PERSONAL

Como explicó Ray en la sección Profundizar, el evangelio no niega ni reprime nuestra tristeza; más bien, nos invita a llevar nuestra tristeza más profundamente sentida a Cristo. Los Salmos de lamento nos ayudan a *ver* nuestras verdaderas necesidades y a *llevarlas* a nuestro verdadero Salvador con honestidad, transparencia y vulnerabilidad.

Como una forma de relacionarse con Dios de esa manera, considera otro Salmo de lamento, el Salmo 13, a la luz de las tres preguntas dadas en la enseñanza del video de la sección Profundizar.

¿Hasta cuándo, SEÑOR? ¿Me olvidarás para siempre?
¿Hasta cuándo esconderás de mí tu rostro?
¿Hasta cuándo he de tomar consejo en mi alma,
teniendo pesar en mi corazón todo el día?
¿Hasta cuándo mi enemigo se enaltecerá sobre mí?
Considera y respóndeme, oh Señor, Dios mío;
ilumina mis ojos, no sea que
duerma el sueño de la muerte;
no sea que mi enemigo diga: Lo he vencido;
y mis adversarios se regocijen
cuando yo sea sacudido.
Mas yo en tu misericordia he confiado;
mi corazón se regocijará en tu salvación.
Cantaré al SEÑOR,
porque me ha colmado de bienes.

¿Cuál es mi crisis?

¿Qué crisis estaba enfrentando el salmista?

¿Qué crisis similares he enfrentado o estoy enfrentando ahora?

¿Quién es mi Salvador por encima de mi crisis?

¿Quién era Dios para el salmista en esta crisis, aunque aún no lo sintiera o experimentara de esa manera?

¿Quién es Dios en tu crisis, incluso si aún no lo sientes o experimentas como tal?

¿Cómo conectan los Salmos mi crisis con mi Salvador?

Personalizando el Salmo 13, ¿cómo deberías conectarte con Jesús en esta crisis?

Para acceder a las sesiones de enseñanza, sigue las indicaciones que se encuentran en el interior de la contraportada de este estudio.

SESIÓN CUATRO

VERDADERA ESPERANZA

ESTUDIO EN GRUPO

COMENZAR

Da la bienvenida al grupo a la sesión 4, «Verdadera esperanza». Antes de presentar la sesión 4, tómate unos minutos para revisar la sesión 3.

Antes de profundizar en el estudio de esta semana sobre la verdadera esperanza que encontramos en los Salmos, vamos a conversar sobre lo que aprendimos la semana pasada. En nuestro estudio personal, descubrimos cómo los Salmos nos ayudan a inclinarnos hacia la honestidad real con Dios y entre nosotros.

¿Qué problemas de la vida cotidiana abordó para ti el estudio de los Salmos 51 y 73?

¿Qué ayuda te ofrecieron los Salmos 51 y 73 en esos problemas de la vida cotidiana?

¿Cómo te ayudaron las preguntas de la sección Profundizar a entender mejor cómo los Salmos de lamento te benefician? ¿Cómo podría considerar esas preguntas mientras lees los Salmos ayudarte a ver tus necesidades y llevarlas a Jesús con honestidad, transparencia y vulnerabilidad?

En pecado y adversidades, la honestidad ante el Señor y otros creyentes puede parecer desalentadora. Pero, como descubriremos esta semana, la Palabra de Dios no invita a ese tipo de vulnerabilidad sin también proporcionarnos la esperanza que necesitamos.

¿En qué situación actual necesitas la ayuda de Dios de verdadera esperanza?

Para prepararte para la sesión de video 4, ora para que Dios ayude a cada persona a entender y aplicar esta verdad:

A Dios le encanta dar lo mejor de sí a personas que merecen lo peor.

OBSERVAR

Utiliza estas declaraciones para seguirlas mientras ves el video de la sesión 4.

Para aprovechar al máximo el Salmo 85, considera estas tres ideas:

1. La estructura.

1. Palabras de ira.

3. Palabras clave.

Para acceder a las sesiones de enseñanza,
sigue las indicaciones que se encuentran
en el interior de la contraportada de este estudio.

CONVERSAR

Utiliza estas preguntas y sugerencias para conversar sobre la enseñanza del video.

Ray comenzó y terminó el video de enseñanza diciéndonos que a Dios le encanta dar lo mejor de sí a las personas que merecen lo peor. La tensión en eso es que la mayoría de las personas no se ven a sí mismas como merecedoras de lo peor de Dios. De hecho, cuando escuchamos que a Dios le encanta dar lo mejor de sí a las personas que merecen lo peor, nuestros pensamientos pueden haberse dirigido automáticamente hacia las personas que hacen cosas especialmente horribles. Eso es porque tendemos a pensar que tenemos la capacidad de merecer la bondad de Dios, y luego hacer algo para lograrlo.

¿Por qué no hay esperanza en nuestras buenas obras?

¿Por qué el punto de partida de la verdadera esperanza se encuentra en el lugar donde nos damos cuenta de que no merecemos lo mejor de Dios, sino lo peor?

El Salmo 85 no minimiza ni ignora nuestro pecado o nuestra necesidad. Más bien, es honesto acerca del gran abismo entre quién es Dios y quiénes somos nosotros. Al hacerlo, nos ayuda a encontrar la verdadera esperanza que Dios ofrece. Vamos a conversar sobre las tres ideas que Ray señaló para ayudarnos a aprovechar al máximo el Salmo 85.

1. La estructura.

¿Qué gracia nos ha dado Dios a todos en el pasado (vv. 1-3)?

¿Qué necesidad tenemos todos en el presente (vv. 4-7)?

¿Qué claridad y resolución podemos tener todos en el presente (vv. 8-9)?

¿Qué gracia futura promete Dios a todos los que confían en Jesús (vv. 10-13)?

2. Palabras de ira.

¿Es difícil para ti leer sobre la ira de Dios (v. 3), el enojo (v. 3) y la indignación (v. 4) en los Salmos? ¿Alguna vez ese tipo de terminología te ha hecho tener miedo o dudar de la esperanza que tienes en Cristo Jesús? Explica tu respuesta.

Lee Hebreos 12:7-11. ¿Qué esperanza hay para los creyentes en la ira, o disciplina, de Dios?

Vuelve a leer el Salmo 85:6. ¿Qué conexión hay entre la disciplina y el avivamiento? ¿De qué forma has experimentado esto en tu propia vida?

3. Palabras clave.

Ray señaló palabras clave que aparecen a lo largo del Salmo 85 como *darnos vida* (v. 6), *una vez más* (vv. 4,6), *misericordia y verdad* (v. 10), *locura* (v. 8), y *temor* (v. 9). ¿Cuál de estas palabras, u otra palabra en el Salmo 85 lo vuelve más personal para ti? ¿De qué manera?

¿Qué otras preguntas o comentarios tienes sobre el video de enseñanza de esta sesión? ¿Qué fue desafiante, retador, alentador u oportuno en tus circunstancias actuales?

ORACIÓN

Peticiones de oración

ESTUDIO PERSONAL 1

SALMO 85

ESQUEMA PARA EL SALMO 85

Gracia en el pasado: gratitud (1-3)
Necesidad en el presente: urgencia (4-7)
Resuelve en el presente: claridad (8-9)
Gracia en el futuro: expectativa (10-13)

Lo que sea que te vino a la mente cuando leíste por primera vez el título del estudio, *Esperanza real para la vida cotidiana*, tal vez lo que estás encontrando es esto: lo que te importa no es una lista larga, y no es complicado. Es un espíritu de descubrimiento (Salmo 1 y 2): puedes conocer a Dios, no hipotéticamente o solo como doctrina, sino de manera personal y presente, momento a momento. Es un espíritu de descanso (Salmo 23 y 130): relacionándose con Dios como real en un mundo impresionado consigo mismo. Es un espíritu de arrepentimiento (Salmos 51 y 73): permanecer honestos y humildes ante Él sobre de nuestros pecados y traiciones. Y, esta semana, veremos que también es un espíritu de esperanza.

LA NECESIDAD DE ESPERANZA

¿Por qué tener esperanza parece imposible para muchas personas en el mundo hoy en día?

¿Cuáles son algunas formas en que las personas intentan combatir los sentimientos de agotamiento mental o emocional e intentan aferrarse a la esperanza?

A ninguno de nosotros nos gusta estar cansados, aburridos y desganados. Regresar a Jesús para una nueva vida y esperanza en un mundo de agotamiento es una realidad sagrada que es universal, poderosa y da vida. Por eso la audaz afirmación de Jesús resucitado en Apocalipsis 1:18 resuena en nuestros corazones hoy: «Yo soy *el que vive*». En otras palabras: «Todos ustedes están casi muertos. Pero yo soy el que vive, de quien fluye toda la vida. Permítanme amarlos y llevarlos de vuelta la vida, una y otra vez». Y ese es el punto central del Salmo 85: ¡*vida*!

LA REALIDAD DE LA ESPERANZA

SEÑOR, tú has sido bondadoso con esta tierra tuya
al restaurar a Jacob;
perdonaste la iniquidad de tu pueblo
y cubriste todos sus pecados;
depusiste por completo tu furor
y contuviste el ardor de tu ira

SALMO 85:1-3

¿Qué te enseñan estos versículos sobre Dios?

Muchos de nosotros podemos recordar un momento en el que estábamos hartos de nosotros mismos, pero Dios nos perdonó, Él nos puso de nuevo en el camino correcto, y la vida comenzó a funcionar de nuevo. Pero después de un tiempo, la tentación era fuerte, éramos débiles, y arruinamos nuestras vidas *de nuevo*. Por eso el Salmo 85 está en la Biblia. Todos hemos demostrado que podemos ser imprudentes una y otra vez, incluso después de que Dios ha sido bueno con nosotros. *¿Qué esperanza tenemos entonces?*

¿Qué esperanza ofrecen estos versículos, incluso cuando has abusado descuidadamente de la gracia de Dios?

El Salmo 85 es para personas como nosotros que se han quedado sin excusas, que están asustados de que su oportunidad en la vida pueda haber terminado, sin nadie a quien culpar sino a nosotros mismos, desconsolados por el desastre que hemos hecho, pero volviendo a ver a Dios. El Salmo 85 está en la Biblia para ese momento; cuando necesitamos vida, esperanza y un futuro que solo Dios puede dar y sostener. El Salmo 85 dice que eso es avivamiento, y a Dios le encanta darlo.

¿Cuál es la relación entre la gratitud por la gracia pasada de Dios y la esperanza para el futuro?

ESCUCHA LO QUE EL SEÑOR HABLARÁ

Restáuranos, oh Dios de nuestra salvación,
haz cesar tu indignación contra nosotros.
¿Estarás airado con nosotros para siempre?
¿Prolongarás tu ira de generación en generación?
¿No volverás a darnos vida
para que tu pueblo se regocije en ti?
Muéstranos, oh SEÑOR, tu misericordia,
y danos tu salvación.

SALMO 85:4-7, LBLA

¿Qué necesidad presente expresó el salmista a Dios?

¿Sientes que tu situación es realmente así de urgente? ¿Deberías? Explica tu respuesta.

¿Cuál es el peligro de no reconocer que nuestro pecado plantea una necesidad urgente?

En los versículos 4-9, hacemos negocios serios con Dios. Le pedimos lo imposible, porque Él es bueno en eso. Le pedimos un milagro, porque Él ama los casos desesperados. Le pedimos que nos devuelva nuestras vidas, y Él nos da algo mucho mejor.

> Escucharé lo que dirá Dios el SEÑOR,
>   porque hablará paz a Su pueblo, a sus santos;
>   pero que no vuelvan ellos a la insensatez.
> Ciertamente cercana está Su
> salvación para los que le temen,
>   para que more Su gloria en nuestra tierra.
>
> **SALMO 85:8-9, LBLA**

¿Por qué razón Dios siempre provee en nuestra desesperanza?

¿Alguna vez has tenido dificultades para tener claridad sobre la esperanza que Dios proporciona? ¿Por qué nos pasa eso?

Creemos tener X número de oportunidades con Dios. Y que cuando hemos recortado todos nuestros cupones, se acabó. Pero esa forma de pensar es incorrecta. No se trata de ser suficientemente buenos para que Dios siga cooperando. No es así cómo Dios piensa. Se trata de que escuchemos a Dios. Él anuncia nuestra esperanza. El evangelio nos dice que Jesús sangró y murió en la cruz por todas nuestras traiciones inexcusables, y Su muerte realmente pagó por todo. Entonces *podemos* correr de vuelta a Dios cada vez que pecamos, sabiendo que Sus brazos están abiertos. Lo que a Él le importa no es lo que merecemos, sino que Jesús murió por nosotros, los no merecedores.

¿Cuál es tu papel en la recepción de un espíritu de esperanza? ¿Cómo puedes mantenerte abierto a la promesa de esperanza?

ESPERANZA EN GRACIA

La misericordia y la verdad se han encontrado,
la justicia y la paz se han besado.
La verdad brota de la tierra,
y la justicia mira desde los cielos.
Ciertamente el SEÑOR dará lo que es bueno,
y nuestra tierra dará su fruto.
La justicia irá delante de Él,
y pondrá por camino sus pasos.

SALMO 85:10-13

¿Qué imágenes resaltan para ti en estos versículos?

¿Cuál es tu comprensión de su significado?

La imagen aquí es una de armonía nueva y milagrosa, plenitud, frescura y gracia abundante, sin nada que detenga a Dios o incluso lo ralentice. *Ese es* tu futuro en Cristo. Él no solo te arregla un poco aquí y allá; te da una realidad completamente nueva. Recuperas tu *vida*, mucho mejor que antes.

El Cristo resucitado sabe cómo dar a los pecadores un futuro que nos deja pensando: «¡Mira lo que *Dios* ha hecho!» Se necesita poesía, como estos hermosos versos, para describir lo que solo Dios puede hacer, y lo que hace por las personas dañadas, tanto porque han pecado como porque han sido afectadas por el pecado de otras personas. Dios nos eleva a la gloria desbordante del Jesús resucitado, quien se está moviendo por el mundo hoy con sanidad, vida y alegría. Él solo nos da un espíritu de esperanza ascendente.

SALMO 85

VERDADERA ESPERANZA

Utiliza los espacios a continuación para escribir una oración o respuesta a cada entrada.

RENOVACIÓN: El versículo 6 pregunta: «¿No volverás a darnos vida?». Nos degradamos y nos desgastamos. No podemos vivir hoy con lo que Dios nos dio ayer. Nuestras necesidades son interminables, pero también lo es Su originalidad. Lo que más importa no somos nosotros, sino Él. Jesús no vino a hacer la muerte más agradable; vino a dar vida más abundante (Juan 10:10). ¿Permitirás que Él sople nueva vida en ti para que puedas regocijarte en Él?

SEGUNDAS OPORTUNIDADES: Otra palabra clave en el versículo 6 es «volverás». Eso no significa que la renovación que recibieron antes no fuera real. Significa que la desperdiciaron. Todos lo hemos hecho, una y otra vez. Por eso necesitamos que Él *vuelva* a darnos vida. Por cada vez que «volvemos» a pecar, hay un momento aún mayor en que Él «vuelve» a darnos Su gracia. ¡Nunca pierdas la esperanza! Sigue volviendo a Jesús, sin importar las muchas veces que te desvíes. Sus brazos están abiertos para ti ahora.

EXPECTATIVA: La palabra *insensatez* en el versículo 8 significa falta de apertura, no falta de inteligencia. Es una complacencia nacida de la indiferencia. Puede empezar por disculpar cualquier cosa, porque el anhelo ha muerto. La determinación de seguir prestando atención, sin embargo, es clara: «Escucharé». Puedes prestar o no atención, correr hacia Jesús o demorarte en el camino. Esa elección es la clave para tu futuro. La verdadera expectativa se trata de estar completamente abierto a recibir Su gloria en el evangelio cantado, el evangelio orado, el evangelio predicado, el evangelio compartido y el evangelio enviado.

ESTUDIO PERSONAL 2

SALMO 42/43

ESQUEMA DEL SALMO 42/43

Sediento (42:1-5)
Ahogándose (42:6-11)
Angustiado (43:1-5)

Por razones que desconocemos, este Salmo se dividió en dos a medida que se copiaba a lo largo de los siglos. Pero lo que necesitamos es el mensaje del Salmo completo. El Salmo 42/43 es el lamento tenaz, honesto y esperanzado de un creyente.

¿Las palabras «esperanzado» y «lamento» te parecen complementarias o conflictivas? ¿Por qué?

ALCANZAR LA ALEGRÍA

Lee el Salmo 42/43

Los creyentes cristianos entienden el dolor. Siempre lo han hecho. El apóstol Pedro describió la experiencia cristiana normal en dos modos: estar afligidos por diversas pruebas, y alegrarse con gozo indescriptible (1 Pedro 1:6, 8). El salmista estaba hundiéndose en la aflicción, pero luchaba con una fe llena de esperanza.

Actualmente, ¿qué resuena más en ti al leer este Salmo: aflicción, esperanza o una mezcla de las dos? ¿Por qué?

Salmo 42/43 nos enseña cómo seguir buscando la alegría. El poeta estaba tanto angustiado como esperanzado. Se desplaza de un lado a otro, porque el cristianismo en la vida cotidiana no es una simple historia de éxito. Es una batalla, con derrotas y victorias en el camino, pero con el poder de Dios preservándonos en la lucha.

Vuelve a leer Salmo 42:1-5. ¿Alguna vez en tu vida te has sentido como si estuvieras en una sequía espiritual? ¿Qué hiciste para encontrar la solución?

El ciervo entiende la sed. La siente en cada célula de su cuerpo. Y el creyente comprende una necesidad que se encuentra en el centro de su existencia: el Dios vivo. Si tenemos consejeros, médicos y amigos comprensivos, bien. Pero solo Dios satisface nuestros anhelos más profundos, y no solo Dios, sino la cercanía de Dios (v. 2). No aceptes ninguna otra evaluación de tu necesidad. Tú, sí tú, podrías necesitar unas vacaciones. Tal vez necesites aligerar tu sobrecargada agenda. Pero podrías hacer todo eso y seguir siendo ese ciervo que muere de sed, porque fuiste hecho para *Dios.*

El versículo 3 nos da una idea de por qué a menudo luchamos para confiar en Dios como única respuesta a la sequedad que sentimos en nuestra alma. ¿Qué es?

¿A qué recurres y en que confías en su lugar?

En los versículos 4-5, ¿qué hizo el salmista para contraatacar?

El salmista no se escuchó a sí mismo; se habló a sí mismo. No confió en sí mismo; se desafió a sí mismo. No aceptó sus pensamientos; anunció el evangelio a sus pensamientos, y no el evangelio en generalidades, sino aplicado personalmente a él: «Espera en Dios, pues he de alabarle otra vez. ¡Él es la salvación de mi ser, y mi Dios!». *Él se predicó esperanza a sí mismo.* Y cada uno de nosotros está llamado a ser ese tipo de predicador.

ESPERANZA EN DIOS

Lee los siguientes versículos y anota las promesas que Dios te ha dado amorosamente para aferrarte a ellas cuando todo lo demás falle y te decepcione:

1 Pedro 5:7

Juan 16:33

Hebreos 13:5

Génesis 15:1

Mateo 11:28

> Espera en Dios, pues he de alabarle otra vez.
>
> **SALMO 42:5, LBLA**

Conociendo las promesas de Dios, *¿qué* estaba anhelando el salmista? ¿En qué puso su corazón?

El alivio que anhelaba no era pasear por alguna playa del Caribe o un fin de semana para ver su serie favorita; quería volver al culto público. No es solo un gran privilegio tener una iglesia a donde acudir cada Día del Señor, es un alivio designado por Dios. Este remedio es tan simple, que podríamos pasarlo por alto. Pero Dios no. Jesús dijo: «Donde dos o tres se reúnen en mi nombre, allí estoy yo en medio de ellos» (Mateo 18:20).

Vuelve a leer el Salmo 42:6-11. En el versículo 5, el salmista desafió a su alma abatida. ¿Qué sucede después, en el versículo 6? ¿Qué te dice eso sobre la naturaleza del dolor?

El salmista no solo se sentía sediento, ahora vemos que también se estaba ahogando. ¿Pero qué reconoció acerca de Dios en su ahogamiento?

Podemos ver a Dios incluso en las olas de desaliento que amenazan con inundarnos. Son «tus cascadas; tus ondas y tus olas». Dios odia el aislamiento que sufrimos, la incredulidad burlona y la tristeza desbordante, pero Él también está involucrado en eso. Si cavamos lo suficientemente profundo, tarde o temprano veremos el amor de Dios en acción.

UN CANTO EN EL DOLOR

De día mandará el SEÑOR su misericordia,
y de noche su cántico estará conmigo;
elevaré una oración al Dios de mi vida

SALMO 42:8

El versículo 8 es la parte central de todo el Salmo. El corazón del Salmo es el corazón de nuestra existencia: Dios envía Su misericordia, un canto, una oración, para hacer de cada momento de nuestra vida una pincelada más en el lienzo de Su obra redentora.

Dios envía Su misericordia para traer un canto a tu corazón, incluso cuando sientes que te estás ahogando. ¿Cuál es tu papel para recibirlo?

¿Por qué otras personas no pueden sanar nuestras heridas?

Incluso cuando el salmista perdió el equilibrio bajo esas ondas y olas y se sintió olvidado por Dios (v. 9), también sabía que Dios era la roca bajo sus pies. Había sido profundamente herido, pero también sabía que esa puñalada burlona (v. 10) no le estaba diciendo la verdad. Así que despertó una vez más en el versículo 11. Deliberadamente volvió los ojos hacia la alegría puesta ante él: el culto público y colectivo de Dios.

Vuelve a leer el Salmo 43. ¿Qué verdad cuestionó el salmista debido a las acusaciones de otras personas?

Las acusaciones de otras personas pueden oscurecer nuestros propios pensamientos de Dios. Nuestra mente está notablemente dispuesta a apresurarse a llegar a las peores conclusiones. Pero mientras el salmista estaba perdido y vagando en su desesperación, nos enseñó a orar cuando nos encontremos en ese estado de desesperación.

En tus propias palabras, ¿qué le pedía el salmista a Dios en el versículo 3?

No estaba enojado con Dios. Sabía que Dios era su gran alegría. Y al orar de esta manera, el salmista nos planteó a todos una pregunta: ¿*Deseamos* ser encontrados? Tan solo ese deseo, la apertura más tenue, es suficiente para Dios. El salmista apostó a eso todas sus fichas. ¿Tú lo harás?

¿Por qué te abates, alma mía,
y por qué te turbas dentro de mí?
Espera en Dios, pues he de alabarle otra vez.
¡Él es la salvación de mi ser, y mi Dios!

SALMO 43:5, LBLA

SALMO 42/43

VERDADERA ESPERANZA

Utiliza los espacios a continuación para escribir una oración o respuesta a cada entrada.

PERSPECTIVA: Una oscuridad que nunca hemos experimentado se apoderó de Jesús, y Él la soportó por nosotros. Él asumió nuestra culpa y miseria. Lo llevó todo a Su cruz, donde Dios lo eliminó para siempre. ¿Seguirás sufriendo? Sí. Pero si estás en Cristo, tu pecado y tu miseria no disminuyen el amor de Dios por ti, y no definen tu futuro, porque la ira de Dios fue derramada en esa cruz, en la experiencia de mayor desamparo que jamás haya existido. Así que tu autocastigo no puede borrar tus culpas. Lo que te da vida es voltear a ver a Jesús.

IDENTIDAD: Cuando estás desesperado, Dios no se desespera por ti. Él ha puesto Su mano sobre ti con un propósito de gracia. A tu vida no la definen tus turbulentas dudas, sino la misericordia de Dios.

SORPRESA: Si no te estás deleitando en Cristo hoy, no significa que no puedas tener una verdadera esperanza. Significa que Dios te está llevando más profundo, mientras lloras la pérdida de Su presencia sentida en tu corazón y lo buscas de nuevo. Presenta a Él tu tristeza. Aunque solo tengas una partícula mínima de fe, del tamaño de una semilla de mostaza, Dios moverá montañas con ella (Mateo 17:20). Él te sorprenderá. Es Su promesa. ¿Por qué no creerla?

PROFUNDIZAR

LOS SALMOS COMO RECURSO DIARIO

Estás a más de la mitad del estudio de los Salmos, y probablemente estés obteniendo nuevas revelaciones cada día. ¡Qué bueno! Al mismo tiempo, también podemos ver hacia adelante. Como aprendimos en Profundizar esta semana, el valioso beneficio que obtienes de los Salmos no tiene que terminar cuando leas las últimas páginas de este libro. Los Salmos están destinados a ser un recurso diario para el resto de tu vida.

Basándote en las tres sugerencias que Ray dio en el video Profundizar de esta semana, comienza a hacer un plan para usar los Salmos como recurso diario.

Haz un plan y síguelo.

Haz un plan para leer los Salmos diariamente. (Por ejemplo, comienza en el Salmo 1 y lee un Salmo cada día durante los próximos seis meses).

¿En qué momento del día leerás los Salmos? ¿En qué lugar específico leerás los Salmos diariamente? ¿Qué distracciones necesitarás eliminar para poder concentrarte mientras lees los Salmos cada día?

Ten un compañero.

¿Qué comentario utilizarás para enriquecer tu estudio de los Salmos?

¿Con quién puedes conversar sobre lo que estás aprendiendo?

Atrévete a creer lo que estás descubriendo.

¿A qué situación que estés enfrentando necesitas aplicar los Salmos para desafiar la oscuridad y caminar en la luz de Cristo?

Tómate un tiempo para practicar el uso de los Salmos como recurso diario. Empezando en el capítulo que se alineé con tu plan recién trazado, lee la Palabra de Dios en el lugar que hayas elegido. Lee el comentario que te dé una visión sobre ese Salmo. Reconoce la forma en que necesites aplicar el Salmo a la vida cotidiana, atreviéndote a creer lo que has descubierto. Mientras vayas caminando a través de ese proceso, registra tus pensamientos, preguntas y oraciones en el espacio de abajo.

Para acceder a las sesiones de enseñanza, sigue las indicaciones que se encuentran en el interior de la contraportada de este estudio.

SESIÓN CINCO

VERDADERA VALENTÍA

ESTUDIO EN GRUPO

COMENZAR

Da la bienvenida al grupo a la sesión 5, «Verdadera valentía». Antes de presentar la sesión 5, tómate unos minutos para repasar la sesión 4.

En nuestro estudio personal de la semana pasada, descubrimos cómo los Salmos nos ayudan a conocer y vivir con verdadera esperanza. Conversemos sobre algunos de los descubrimientos que hemos hecho.

¿Qué problemas de la vida cotidiana abordaron para ti los Salmos 85 y 42/43?

¿Qué esperanza real te ofrecieron los Salmos 85 y 42/43 en esos problemas de la vida cotidiana?

¿Qué plan hiciste para usar los Salmos como un recurso diario? ¿Qué comentario utilizarás para enriquecer tu estudio de los Salmos? ¿Cómo podría ayudarte el uso de los Salmos como recurso diario para creer y caminar en esperanza?

Conocer la esperanza de Cristo nos obliga a caminar en ella. En otras palabras, la esperanza del evangelio se aplica a la vida cotidiana. Esta semana, echaremos un vistazo al sentido práctico de un espíritu cotidiano de esperanza, descubrimiento, descanso y honestidad: verdadera valentía.

¿En qué situación actual necesitas demostrar verdadera valentía?

Como preparación para la sesión 5, ora para que Dios ayude a cada persona a entender y aplicar esta verdad:

> Si tenemos el valor de estar frente a Jesús, podemos hacer frente a todo lo demás.

OBSERVAR

Utiliza estas declaraciones para seguirlas mientras miran el video de la sesión 5.

Tres cosas que debemos notar sobre el Salmo 139:

1. Odio en los versículos 21-22: «El odio que les tengo no tiene límites».

2. Giro en el versículo 18: «...al despertar, aún estaría contigo».

3. Valentía a lo largo de los versículos 1-24: «Tú me examinas, tú me conoces... ¿A dónde podría huir de tu presencia... Me formaste en el vientre de mi madre... Guíame por el camino eterno».

Para acceder a las sesiones de enseñanza, sigue las indicaciones que se encuentran en el interior de la contraportada de este estudio.

CONVERSAR

Utiliza estas preguntas y sugerencias para conversar sobre la enseñanza del video.

Lee el Salmo 139.

Es un texto conocido y citado con frecuencia. ¿Qué temas has considerado previamente dentro del contexto de este Salmo?

¿Cómo se relacionan esos temas con nuestro tema de verdadera valentía?

El Salmo 139 habla de temas importantes y debatidos en la cultura actual, como el aborto, la identidad de género y la santidad de la vida. Por lo tanto, es posible que muchos de nosotros hayamos leído el Salmo 139 numerosas veces sin darnos cuenta de que el contexto de David era el sufrimiento personal a manos de adversarios malvados. En ese sufrimiento, el conocimiento de la grata intervención de Dios y Sus amorosos propósitos le dieron *valentía* a David. El Salmo 139 está en la Biblia para renovar también nuestra valentía. Entonces, hablemos de las tres ideas que Ray ofreció, como una forma de ayudarnos a obtener lo máximo del Salmo 139.

1. Odio en los versículos 21-22: «El odio que les tengo no tiene límites».

Lee Proverbios 6:16-19, Proverbios 8:13, Salmo 11:5, Salmo 26:5, Mateo 5:43-44, Proverbios 10:12, y Romanos 12:9. ¿Qué nos enseñan estos versículos sobre el odio? ¿Sobre Dios? ¿Sobre seguirlo en un mundo como este?

Ray dijo: «Seamos abiertos a que Dios corrija el mal en nosotros, y opongámonos al mal dondequiera que lo encontremos». ¿Qué lucha hay en cualquiera de esas dos aplicaciones de verdadera valentía?

2. Giro en el versículo 18: «...al despertar, aún estaría contigo».

¿Cómo respondes a la pregunta: ¿En qué puedes confiar absolutamente en este momento?

¿Cómo puede el conocimiento de Dios sobre ti (1-6), Su presencia contigo (7-12) y el que te haya formado (13-18) inspirarte y apoyarte cuando estás contra la pared?

Cuando David escribió el Salmo 139, *estaba* contra la pared. Sufría. Los enemigos se le oponían. Pero al considerar quién es *Dios*, comenzó a ver su sufrimiento desde una perspectiva diferente. Sus circunstancias no habían cambiado, y él todavía estaba en peligro. Al mismo tiempo, *todo* había cambiado porque él seguía en la presencia del Señor. Dios lo conocía, estaba con él, y lo había hecho, así que David estaba listo para enfrentar valientemente cualquier camino al que Dios pudiera llevarlo. ¿Nosotros estamos listos?

3. Valentía a lo largo de los versículos 1-24: «Tú me examinas, tú me conoces… ¿A dónde podría huir de tu presencia… Me formaste en el vientre de mi madre… Guíame por el camino eterno».

Vuelve a leer Salmo 139:23-24. Responde a la siguiente declaración que Ray hizo: «Si tenemos el valor de estar frente a Jesús, podemos hacer frente a todo lo demás».

¿Cómo sería para nosotros vivir valientemente en Cristo esta semana?

¿Qué otras preguntas o comentarios tienes sobre el video de enseñanza de esta sesión? ¿Qué fue desafiante, retador, alentador u oportuno en tus circunstancias actuales?

ORACIÓN

Peticiones de oración

ESTUDIO PERSONAL 1

SALMO 139

ESQUEMA DEL SALMO 139

Señor, tú me conoces (1-6)
Señor, estás conmigo (7-12)
Señor, tú me hiciste (13-18a)
[cambio de meditación a alerta: 18b]
¡Señor, estoy a tu favor! (19-24)

C. S. Lewis dijo: «La valentía no es simplemente *una* de las virtudes, sino la forma de todas las virtudes en el momento de la prueba».[1] En otras palabras, la valentía es la *aplicación* en el mundo real del descubrimiento, descanso, honestidad, esperanza, y cualquier otra ayuda que el Espíritu de Dios derrama en nuestra vida. Por ejemplo, el espíritu de descubrimiento en los Salmos 1 y 2 es la valentía de confiar en el Dios viviente y el Rey conquistador. El espíritu de descanso en los Salmos 23 y 130 es la valentía de tratar a Jesús como alguien real en medio de los problemas. El espíritu de arrepentimiento en los Salmos 51 y 73 es tener la valentía de reconocer nuestros pecados. El espíritu de esperanza en los Salmos 85 y 42/43 es la valentía de orar por un futuro mejor. En el estudio de esta semana, vemos, a un nivel práctico, la clave de todo.

¿Cuál es una promesa de Dios que batallas para aplicar en tu vida? ¿Qué miedo crees que cause esa batalla en ti?

En el Salmo de hoy, vemos a un creyente asustado acudiendo a Dios y aferrándose a Él. Y ese creyente asustado termina recibiendo de Dios la claridad y determinación para dar su próximo paso.

La valentía es un tema principal en la Biblia. ¿Cómo podría ser de otra manera? Este mundo donde estamos tratando de seguir a Jesús, no es amigo de Jesús. Necesitamos valentía todos los días, y el Salmo 139 nos ofrece una fortaleza donde pararnos.

1. C. S. Lewis, *The Screwtape Letters (trad. Cartas del diablo a su sobrino)* (San Francisco: Harper Collins, 2001), 161.

Lee Salmo 139:1-6. Algunos piensan que temible ser buscado y conocido por Dios. ¿Qué piensas tú? ¿Cómo te sientes al saber que Dios conoce todas tus actividades, pensamientos, caminos, palabras e intenciones?

VALENTÍA DESDE LA CONCIENCIA

En Salmo 139, David no estaba sentado alrededor de una fogata quemando bombones y pasándola de maravilla. Estaba en problemas. Todo estaba en juego, y su vida pendía de un hilo. Los malos andaban tras él. David atrajo la ira de Saúl y otros por estar a favor de Cristo entre personas poderosas que se oponían a Cristo. Necesitaba valentía con desesperación.

¿Dónde encontró David esa valentía? Se reconectó con quien podía contar. Podría haber estado sentado alrededor de una fogata en la noche, en un lugar lejano del desierto. De ser así, deberíamos imaginarlo sumido en sus pensamientos. Mientras estaba allí sentado, David se permitió saborear la realidad invisible de la actuación de Dios en su vida.

En su completo e íntimo conocimiento de lo bueno, lo malo y todo lo demás, ¿cómo respondió Dios a David (v. 5)?

¿Por qué es «maravilloso» el conocimiento completo que Dios tiene acerca de ti?

¿Cómo puede darte valor el conocimiento de Dios sobre ti?

Lee Salmo 139:7-16. ¿Qué más reflexionó David sobre la naturaleza de Dios?

¿Por qué razones el Dios del universo elegiría estar íntimamente involucrado en los detalles de tu vida?

Dios está más que simplemente *consciente* de cada detalle de nuestra vida: está involucrado. No está mirándonos desde Su trono en el cielo, sacudiendo la mente o levantando las manos en disgusto, preguntándose cómo nos metimos en un estado tan lamentable. No, Él está siempre presente con nosotros. Dios no nos formó en el vientre y luego, al nacer, nos dejó solos para que lo descubriéramos por nuestra cuenta. Así como dependemos de Él para crear vida, dependemos de Él para mantener la vida. ¡Y Él está presente! Nos ama, y está íntimamente involucrado con nosotros, incluso en los momentos más desesperados de nuestra vida.

¿Qué promesa hay para ti en los versículos 11-12?

Vuelve a leer Salmo 139:17-24.

¿Cómo describió David su necesidad de Dios en los versículos 17-18?

Un problema que muchas personas tienen con la lectura de la Biblia es que Dios les parece imposible de comprender. Piensan: «¿Qué caso tiene intentarlo?». David expresó un mensaje diferente aquí. ¿Cuál es ese mensaje?

VALENTÍA DESDE LA DEPENDENCIA

David completó sus meditaciones en la primera parte del versículo 18: «Si me propusiera contarlos [los pensamientos y propósitos amorosos de Dios], sumarían más que los granos de arena». En lugar de sentirse insuficiente, David ahora se sentía envalentonado, porque sabía que era amado y cuidado nada menos que por Dios todopoderoso.

¿Cuál es la conexión entre el estudio de las Escrituras y la valentía?

De los versículos 19-24, ¿qué valentía encontró David al meditar en el carácter de Dios?

¿Por qué nos cuesta tanto oponernos al pecado? ¿Por qué debemos oponernos al pecado?

David no fue rechazado por razones personales o egoístas. Estos versículos del Salmo 139 no solo retratan a David teniendo un mal día. No, él estaba invocando valientemente el justo juicio de Dios sobre hombres poderosos que se estaban levantando contra la voluntad de Dios para lograr una ventaja opresiva.

VALENTÍA DESDE LA CONFESIÓN

En tus propias palabras, ¿qué pidió David a Dios en los versículos 23-24?

David sabía que el mal que veía «afuera» también estaba al acecho «adentro». Así que desnudó su alma ante Dios: «Están equivocados. Puedo verlo. Pero, ¿en qué estoy equivocado *yo*? No puedo verlo. ¡Así que, Señor, corrígeme también a mí!» ¿Y no es la *humildad* de David la razón por la que rechaza el mal, incluido el suyo?

No es frecuente considerar que la valentía va unida a la humildad. ¿Por qué la humildad es una necesidad para la verdadera valentía que encontramos en los Salmos y en toda la Palabra de Dios?

¿Qué te enseñan los siguientes versículos sobre el significado de aplicar un espíritu de valentía en la vida diaria?

1 Corintios 10:13

Santiago 4:7

1 Juan 1:8-10

1 Juan 3:6-10

¿Por qué estar frente a Jesús con tus pecados te da el valor que necesitas para enfrentar todo lo demás?

SALMO 139

VERDADERA VALENTÍA

Utiliza los espacios a continuación para escribir una oración o respuesta a cada entrada.

PROVIDENCIA: No tienes que reunir la valentía que necesitas por tu cuenta. Todo lo que necesitas para seguir a Jesús te llega gratuitamente de Él. Vuélvete a Él. Pídele que te busque, conozca tu corazón y te guíe en el camino eterno. Él lo hará, y mientras lo hace te llenará de valentía.

VICTORIA: Mientras sigues a Jesús, a veces podrías pasar por un infierno viviente. Pero cuando finalmente emerges del horrible sufrimiento, descubres que crees en Su amor por ti *más* de lo que creías antes de entrar al sufrimiento. No solo sobrevives; eres *más* que vencedor, a través del amor de Jesús (Romanos 8:37).

FELICIDAD: En este mundo te golpearán, te herirán y te maltratarán, y serás más feliz. Eso es porque Jesús te ama en el difícil camino de seguirle, paso a paso a lo largo del camino, y te sigue amando hasta el futuro. Cuanto más te adentres en Su amor, cuidado pastoral y providencia, más lo amarás y más verdadera felicidad encontrarás.

ESTUDIO PERSONAL 2

SALMO 27

ESQUEMA DEL SALMO 27

Confianza en la fidelidad de Dios (1-3)
Solicitud de la protección de Dios (4-6)
Solicitud de la presencia de Dios (7-12)
Valentía desde la fidelidad de Dios (13-14)

En nuestro estudio de los Salmos se nos recuerda que lo que creemos acerca de Dios es lo más importante de nosotros. Piénsalo. David no enfrentó a leones y gigantes con valentía solo porque era un tipo muy macho. No encontró valentía cuando personas poderosas lo perseguían para matarlo solo porque era optimista por naturaleza. No, David encontró valentía porque creyó que Dios sabe todo y que siempre estaba con él, disponiendo todas las cosas de acuerdo con Su propósito. David actuó valientemente porque decidió en su corazón unirse a Dios en ese propósito. David fue un hombre conforme al corazón de Dios (Hechos 13:22).

¿Te describirías a ti mismo como una persona conforme al corazón de Dios? ¿Por qué sí o por qué no?

¿Cuáles son algunos pasos prácticos que puedes dar hacia una relación profunda y genuina con Cristo?

Lee el Salmo 27. Mientras consideras tu propia necesidad de valentía, registra cualquier frase o declaración del Salmo que te llame la atención acerca de eso.

A partir de los versículos 1-3, ¿qué razones tenía David para tener confianza y valentía?

VALENTÍA DESDE LA FIDELIDAD PASADA

Al inicio del Salmo 27, David compartió un increíble testimonio de la fidelidad de Dios. No usó hipérbole para enfatizar (varias traducciones ponen el versículo 2 en tiempo pasado). Dios en verdad lo había salvado de un ejército de hombres malvados que se acercaban a él como animales salvajes listos para devorar su cuerpo aparentemente sin vida. No había salida, excepto por la gracia de Dios, y David lo sabía. Hubo veces en el pasado cuando solo el Señor protegió la vida de David.

Nombra algunas formas en que Dios ha demostrado Su fidelidad hacia ti en el pasado.

¿Cómo podría el recuerdo de la fidelidad de Dios en el pasado darnos valentía para enfrentar nuestros miedos actuales?

Después de recordar quién era Dios (v. 1) y lo que había hecho (v. 2), David miró con confianza hacia el futuro incierto (v. 3). Incluso en el peor de los casos, aunque un ejército se levantara contra él y lo rodeara, David no tendría miedo. Él sabía en su corazón que Dios estaba con él y que era completamente capaz de salvarlo.

Es fácil pensar en todo lo que sale mal en la vida y concentrarse en ello. Normalmente no nos centramos en el pasado; nos centramos en cualquier incertidumbre presente y miedo futuro que se nos presentan. Aunque puede ser más difícil concentrar nuestros pensamientos en las muchas formas en que Dios nos ha protegido y provisto en el pasado, esa práctica nos da valentía. Reconocer específicamente la fidelidad de Dios en el pasado permitió a David enfrentar valientemente el futuro con fe en la capacidad de Dios para liberarlo de cualquier situación.

VALENTÍA PARA EL FUTURO

Vuelve a leer Salmo 27:4-6. ¿Cuál era el único deseo de David para el futuro?

Considerando sus circunstancias, ¿cuáles son algunos otros deseos que podría haber pedido?

En cuanto a la valentía, ¿por qué es importante cuál sea tu principal deseo para el futuro que le pides al Señor?

Las imágenes del templo y el tabernáculo son centrales en las palabras de David, porque representaban la presencia de Dios en la tierra a lo largo del Antiguo Testamento. Lo único que David quería era estar en la presencia de Dios, porque sabía que era el lugar más seguro donde estar. Y lo mismo es cierto para nosotros. En cualquier situación, nuestra necesidad primaria no es un cambio en las circunstancias, la intervención humana, un mejor esfuerzo o una nueva estrategia de autoayuda. La presencia de Dios con nosotros es nuestra mayor defensa y única razón para tener valentía. Él nos esconde de nuestro enemigo, nos protege de ataques y nos da un lugar sólido donde pararnos.

Una cosa he pedido al SEÑOR,
y esa buscaré:
que habite yo en la casa del SEÑOR
me seguirán todos los días de mi vida;
para contemplar la hermosura del SEÑOR,
y para meditar en su templo.

SALMO 27:4, LBLA

Lee Salmo 27:7-12. David pasó de alabar a Dios con confianza por su futuro (v. 6) a suplicarle nuevamente que lo liberara (vv. 7-9). ¿Qué nos dice eso sobre encontrar valentía?

David sabía que el poder de la salvación pertenece solo al Señor (v. 12). ¿Así que por qué le pidió que le enseñara a vivir y lo guiara por una senda llana (v. 11)?

¿Cómo podría darte valentía el hecho de saber que Dios quiere que vivas?

Los problemas de David no habían terminado, seguramente había más por venir. Él sabía que sus enemigos volverían y, cuando lo hicieran, no iba a ser más capaz de escapar de su terror. Hasta sus relaciones más cercanas le fallaron (v. 10). Su fuerza y valentía dependían completamente de Dios, y siempre sería así.

La fe no es solo una decisión que tomamos una vez en la vida. La valentía no es algo que necesitamos solo de vez en cuando. La fe valiente es algo que debemos recibir diariamente. Dios quiere que confiemos activamente en Él todos los días para que nos provea, nos libre de la tentación y crezcamos en nuestro afecto por Él. A medida que nos volvemos continuamente a Dios, Él nos muestra que Su amor perfecto e incondicional nunca nos decepcionará.

¿Qué cambios podrían ocurrir en tu vida esta semana si realmente creyeras que Dios nunca te decepcionará?

¿Cómo te ha consolado Dios cuando otros te han decepcionado?

Si no hubiera creído que había de
ver la bondad del SEÑOR
    en la tierra de los vivientes.
Espera al SEÑOR;
    sé fuerte, y deja que tu corazón tenga valor;
    ¡Espera al SEÑOR!

SALMO 27:13-14, LBLA

¿Cómo debería impactar la esperanza de la eternidad en tu vida hoy?

La situación de David era un desastre, pero él no usó ese desastre para negar la bondad de Dios en su vida; de hecho, fue todo lo contrario. Se aferró a la seguridad de que, a pesar de la aflicción de este mundo, él se mantendría en la plenitud de la bondad de Dios en el futuro. Debido a esta firme convicción, David esperaría, sería fuerte y cobraría valentía. ¿Por qué no tú también?

El Salmo 27 termina insistiendo en el punto con el que comenzamos: lo que crees acerca de Dios es lo más importante de ti. Si no tienes una visión correcta de la vida futura, entonces las circunstancias de esta vida te harán patalear en la desesperación. Solo cuando te refugies en Jesús conocerás la seguridad eterna. La esperanza de la seguridad eterna, el hecho de que un día finalmente verás a Jesús cara a cara, reorienta la forma en que te acercas a cada día de este lado del cielo. Lo que crees acerca de la bondad de Dios en la vida venidera te da el poder y la valentía de confiar en Él en el aquí y ahora.

¿En qué situación necesitas esperar en el Señor, ser fuerte y permitir que tu corazón recobre la valentía? ¿Cómo te anima el Salmo 27 a hacerlo?

SALMO 27

VERDADERA VALENTÍA

Utiliza los espacios a continuación para escribir una oración o respuesta a cada entrada.

LUZ: Este mundo es oscuro. Si te centras en esa oscuridad, hay mucho que temer. Pero cuando te vuelves al Señor, Él ilumina tu camino. Él es tu salvación y la fuerza que necesitas para enfrentar literalmente cualquier cosa que se te presente. Y cuando Cristo es tu luz, salvación y fortaleza, ¿a qué oscuridad puedes temer?

PRESENCIA: Un día, toda persona que confíe en Jesucristo disfrutará de la plenitud de Su presencia en el cielo. Pero, para esas mismas personas que confían en Cristo, la eternidad ya ha comenzado. Él te esconde en Su refugio, te levanta y coloca tus pies sobre una roca, incluso ahora. ¡Su presencia es la razón de que *puedas* buscar Su rostro!

DIRECCIÓN: En tiempos de problemas, es bueno sentarse con un amigo de confianza. Pero Jesús no solo te ofrece Su presencia. Si se lo permites, Él te guiará y te colocará en un camino firme.

CREENCIA: Si tus circunstancias cambian tu creencia, entonces tu «creencia» es en realidad poco importante. La verdadera creencia en Dios se revela en la esperanza en Él. ¿Qué *crees* acerca de Dios? Sé fuerte y valiente, porque Él nunca cambia.

PROFUNDIZAR

LEER LOS SALMOS PARA GANAR COMPRENSIÓN DEL EVANGELIO

Los Salmos, como toda la Escritura, cuentan la historia de redención de Dios. ¡Y esa es la mejor esperanza para la vida cotidiana que los Salmos nos ofrecen! Cada capítulo nos ayuda a conectar la gracia de Dios con Su ley. Al hacerlo, los Salmos nos señalan a Cristo.

Considera el Salmo 27 a la luz de los dos conjuntos de círculos concéntricos que Ray describió en el video de esta semana de Profundizar. Examina el diagrama de la gracia condicionada por la ley incluido en esta página, y dado a manera de ejemplo.

¿Por qué es inexacto leer el Salmo 27 de esa manera?

A continuación, rellena los círculos de la página 107 para reflejar la ley condicionada por la gracia en el Salmo 27.

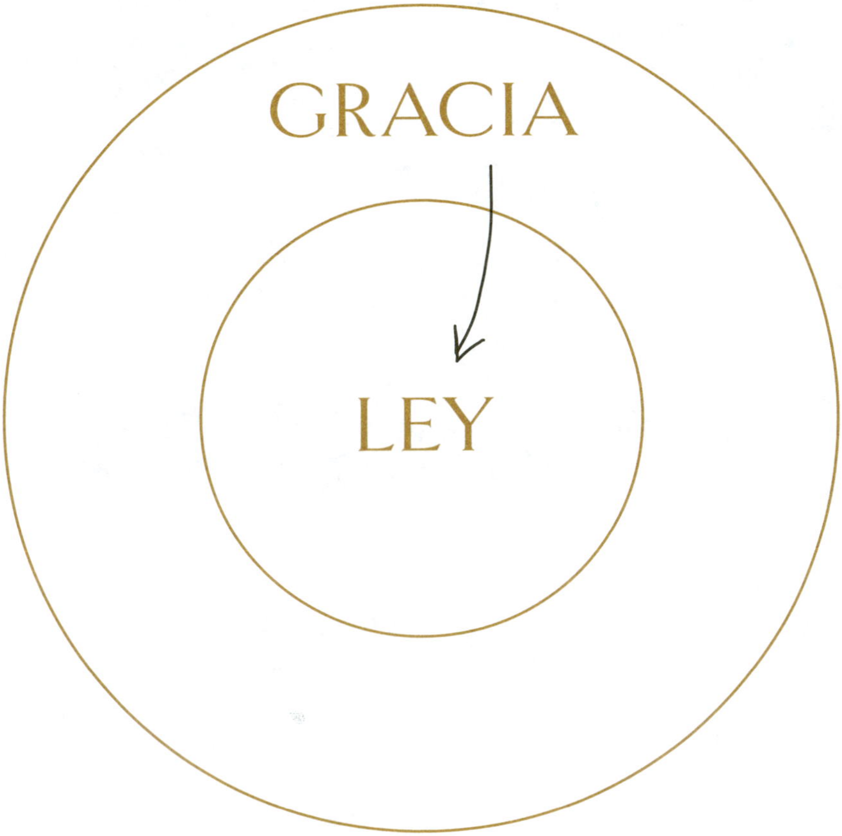

Como explicó Ray, el Nuevo Testamento es el mejor comentario al Antiguo Testamento que jamás se haya escrito. Estamos destinados a entrar en la ley de Dios a través de la gracia de Cristo, como muestran los círculos concéntricos en esta página (Gálatas 2:19-21).

¿Cómo influye en tu comprensión del Salmo 27 leerlo de esta forma (donde la ley está condicionada por la gracia)?

Para acceder a las sesiones de enseñanza, sigue las indicaciones que se encuentran en el interior de la contraportada de este estudio.

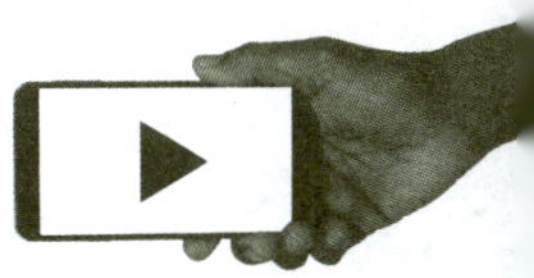

SESIÓN SEIS

VERDADERO GOZO

ESTUDIO EN GRUPO

COMENZAR

Da la bienvenida al grupo a la sesión 6, «Verdadero gozo».
Antes de presentar la sesión 6, tómate unos minutos para repasar la sesión 5.

Hemos llegado a la sesión final de los *Salmos: eEperanza real para la vida cotidiana*. Esta semana, completaremos nuestro estudio de la manera más edificante: ¡aprendiendo lo que significa crecer en un espíritu de verdadero gozo! Antes de comenzar, repasemos un poco el estudio de la semana pasada sobre la verdadera valentía.

¿Qué problemas de la vida cotidiana abordó para ti el estudio de los Salmos 139 y 27?

¿Qué ayuda te ofrecen los Salmos 139 y 27 en esos problemas?

¿Cómo te ayudó la actividad de usar círculos concéntricos en Profundizar para entender mejor cómo leer los Salmos para obtener una visión del evangelio?

Conforme Dios nos habla a través de los Salmos, desarrolla libre y generosamente en nosotros un espíritu de descubrimiento, de descanso, de honestidad, de esperanza y de valentía. En el estudio de esta semana, examinaremos otra esperanza real para la vida cotidiana que fluye de todo el resto: ¡un espíritu de verdadero gozo!

¿En qué situación actual necesitas crecer en la experiencia y demostración del verdadero gozo?

Para prepararse para la sesión de video 6, ora para que Dios ayude a cada persona a entender y aplicar esta verdad:

Un espíritu de alabanza a Dios es nuestro espléndido futuro que empieza a emerger ahora mismo, en nuestra necesidad presente.

OBSERVAR

Utiliza estas declaraciones para seguirlas mientras ves el video de la sesión 6.

Tres ideas para aprovechar al máximo el Salmo 100:

1. Un espíritu de alabanza a Dios es muy importante.

2. Un espíritu de alabanza a Dios es saludable, liberador y edificante.

3. Un espíritu de alabanza a Dios no es refinado.

Para acceder a las sesiones de enseñanza, sigue las indicaciones que se encuentran en el interior de la contraportada de este estudio.

CONVERSAR

Utiliza estas preguntas y sugerencias para conversar sobre la enseñanza del video.

¿Alguna vez te has sentido inundado de gozo y alabanza a Dios? ¿Qué te llevó a esa experiencia?

Pablo nos instruye a «estar siempre alegres» en 1 Tesalonicenses 5:16a. ¿Qué significa eso? ¿Es posible? ¿Alguna vez luchaste para sentir aunque fuera un poco de gozo?

Como hemos estado descubriendo a lo largo de este estudio, los Salmos abarcan una amplia gama de emociones humanas. Y podemos identificarnos con todas ellas. Dios nos creó para sentir profundamente. Vivir en una tierra maldita por el pecado representa un desafío para nosotros. El dolor y las luchas nos tientan a dirigir nuestras emociones hacia abajo y hacia adentro. ¿Cómo podemos estar siempre alegres? ¿Por qué incluso la Palabra de Dios nos ordena estar siempre alegres?

Lee el Salmo 100 y repasa las tres ideas que Ray nos dio para ayudarnos a aprovecharlo al máximo.

1. **Un espíritu de alabanza a Dios es muy importante.**

2. **Un espíritu de alabanza a Dios es saludable, liberador y edificante.**

3. **Un espíritu de alabanza a Dios no es refinado.**

¿Cuáles son algunos ejemplos en tu propia vida donde puedes poner en práctica la orden del Salmo 100:1: «Aclamad con júbilo al Señor»? ¿Qué piensas de aquellas formas que van más allá de simplemente cantar en la adoración?

Ray explicó que un espíritu de alabanza no es trivial ni superficial; más bien, es esencial. ¿Has descubierto que eso es cierto en tu propia vida? ¿De qué manera? Si no, ¿qué te detiene?

Ve nuevamente la anotación inicial del Salmo 100 («Salmo de acción de gracias»). ¿De qué manera influye en ti el concepto de escribir y programar alabanzas alegres a Dios? ¿Cómo habla eso de la importancia de participar regularmente en la adoración comunitaria?

¿Qué peligro hay en alabar a Dios solo cuando tienes ganas?

¿Cómo te sientes al entender el significado de «aclamar con júbilo» (v. 1) como un grito de guerra y «alegría» (v. 2), o como diversión o risa: incómodo, liberado, confundido, agradecido, reticente, otro? Explica tu respuesta.

En estas seis semanas hemos aprendido mucho sobre quién es Dios. ¿Cuál te llama más la atención entre los motivos para gritar con alegría con el salmista: «Porque el Señor es bueno; para siempre es Su misericordia, y Su fidelidad por todas las generaciones» (v. 5)?

¿Qué otras preguntas o comentarios tienes sobre el video de enseñanza de esta sesión? ¿Qué fue desafiante, retador, alentador u oportuno en tus circunstancias actuales?

ORACIÓN

Peticiones de oración

ESTUDIO PERSONAL 1

SALMO 100

ESQUEMA DEL SALMO 100

Cómo: aclamar alegres, servir, venir (1-2)
Por qué: Él es Dios, Él nos hizo, somos suyos (3)
Cómo: entrar, darle gracias, bendecir (4)
Por qué: Él es bueno, es misericordioso, es fiel (5)

¿Con qué frecuencia cantas cantos de alabanza y adoración a Dios: regularmente durante la semana, solo en la iglesia los domingos, o casi nunca?

¿Cuáles son algunas razones por las que un creyente podría no participar regularmente en el canto de cantos de alabanza? ¿Cuáles son algunas razones por las que un creyente podría dar prioridad a eso como práctica habitual?

Algunos cristianos piensan que cantar es un extra opcional, o que hay otra mejor respuesta para producir cambios en el mundo, como un enfoque político, por ejemplo. Pero para un espíritu de alabanza a Dios, de regocijo en Dios, de gracias a Dios y de cantar a todo pulmón a Dios es algo muy importante. Dios ha diseñado la realidad de tal manera que *alabemos* para abrirnos camino hacia un futuro mejor (ver 2 Crónicas 20:1-23 y Hechos de los apóstoles 16:16-26, por ejemplo). Eso no es cierto solo en las Escrituras. Piénsalo en términos de la vida actual.

¿Cuáles son algunas de las diversas formas en las que buscas implementar cambios en el mundo (por ejemplo, política, servicio, invención)? Comparado con esas cosas, ¿cómo influye cantar alabanzas fuertes a tu Señor Jesucristo?

CANTA, SIRVE, VEN

Aclamad con júbilo al SEÑOR, toda la tierra.
¡Servid al SEÑOR con alegría!
¡Venid ante él con cánticos de júbilo!

SALMO 100:1-2

Aclamar con júbilo, servir con alegría y venir ante Él con cantos de júbilo no son actividades «religiosas». ¡Son el tipo de cosas que todos hacemos cuando gana el bueno! Son como una ovación de pie al final de un increíble concierto o un emocionante evento deportivo. No es algo refinado; es estridente.

¿En qué contexto(s) es natural para ti celebrar ruidosamente? ¿Por qué suele ser más fácil para muchas personas aclamar con júbilo en otros contextos que en la adoración al Señor? ¿Qué podría decir eso acerca de nosotros?

¿Con cuál de estos términos asocias más el servicio: trabajo pesado, deber, alegría, propósito, u otra cosa? ¿Por qué?

El salmista no solo nos exhorta a celebrar al Señor en voz alta; él también quiere que sirvamos al Señor con alegría. Pero el servicio, incluso en el contexto del cuerpo comunitario de Cristo, a menudo nos parece más como un deber e incluso un trabajo pesado. Pensamos en el servicio como un «tener que», no un «poder hacer». Dios quiere ayudarnos a cambiar el guion.

Tendemos a pensar que el gozo viene antes que la alabanza. Pero el Salmo 100 indica que la alabanza conduce al gozo. ¿Cómo puede esta verdad dar energía a tu adoración y tu servicio, particularmente cuando no te sientes alegre?

TEN EN CUENTA QUE ÉL ES DIOS

Ten en cuenta que ¡el SEÑOR es Dios!
Es Él quien nos hizo, y nosotros somos suyos;
somos su pueblo, y ovejas de su prado.

SALMO 100:3

En este versículo, ¿qué razones te da el salmista para alabar a Jesús?

El acto de cantar en sí mismo no es prueba de confianza pura y completa en Jesús. ¿Entonces cómo puedes saber si tu alabanza se basa en conocimiento teórico, emoción transitoria, o creencia sincera y profunda?

Jesús lo dijo claramente: «Yo soy la verdad» (Juan 14:6). Y el Salmo 100 dice que Él es Dios. ¡Esa es razón para alabarle! Que Él nos hizo y que somos Su pueblo y ovejas de Su prado es una razón *más* para alabarlo con júbilo. No nos creamos solos. No inventamos nuestro propósito en la vida. Somos el milagro de Dios en curso, caminando en Su propósito soberano. Eso es cierto acerca de nosotros, como cuerpo de Cristo y como individuos.

Somos *Su* pueblo y ovejas de *Su* prado. Y sabemos por qué se llevaban ovejas al templo: para el sacrificio. Así de loco es nuestro gozo cuando está centrado en el evangelio de Jesucristo: estamos tan hartos de nuestra propia autoprotección que nos sentimos *liberados* cuando vivimos y morimos por Él. *Queremos* que nuestra vida cuente para Jesús, sin importar el costo.

ENTRAD POR SUS PUERTAS

Entrad por sus puertas con acción de gracias,
y a sus atrios con alabanza.
Dadle gracias, bendecid su nombre.

SALMO 100:4

¿Ha habido momentos en tu vida en que has estado más apasionado por la adoración que en otros? ¿Qué te hace sentir apasionado o apático acerca de adorar a Cristo?

¿Qué implica el versículo 4 sobre cómo experimentar gozo continuo? ¿Qué responsabilidad te ha dado Dios además de solo presentarte en la iglesia?

El Salmo nos invita a adentrarnos cada vez más profundamente y de manera íntima, desde las puertas, pasando por los atrios, hasta llegar al Señor mismo, a Su nombre mismo. Cuando el corazón de un cristiano comienza a sentir: «Quiero a Jesús, pero no quiero *demasiado* de Él; no tanto que tome el control», debería servir como una señal de advertencia. Así es como las personas, e incluso iglesias enteras, comienzan a hundirse. Jesús sabe cuándo ya no es querido. Y el mundo no necesita ni una iglesia muerta más que crea en la Biblia.

¿Qué pasos puedes tomar para mantenerte abierto y anhelante de recibir más de la gloria de Dios en el evangelio? ¿Qué pasos debería tomar una iglesia local para permanecer abierta y anhelar más de la gloria de Dios?

PARA SIEMPRE ES SU MISERICORDIA

Porque el SEÑOR es bueno;
su amor inmutable perdura para siempre,
y su fidelidad por todas las generaciones.

SALMO 100:5

¿Qué te llama la atención en el versículo 5 como razón para seguir buscando el gozo?

¿Cómo *te* ha mostrado Dios Su bondad, misericordia y fidelidad en tiempos inciertos?

En la cruz, Jesús abrió sus venas para demostrar que Dios está *a tu favor*: Él es bueno, constante y fiel a largo plazo. Jesús murió para demostrar que Dios nunca se cansará de ser bueno contigo, de amarte y de estar a tu lado. No es una decisión que Dios tome caso por caso, de manera que nunca sepas qué camino va a tomar. Bondad, misericordia y fidelidad son *lo que Dios es* para los pecadores que acuden a Él extendiendo con fe sus manos vacías. No sabemos cómo se desarrollarán los sucesos, pero sí sabemos quién es Dios.

Nunca nos digamos a nosotros mismos: «Cuando mi horario sea menos estresante y tenga más tiempo libre en mi vida, me pondré a alabar a Dios». El hecho es que las personas más felices respecto a Jesús siempre han sido las que enfrentan las adversidades más grandes.

SALMO 100

VERDADERO GOZO

Utiliza los espacios a continuación para escribir una oración o respuesta a cada entrada.

SENCILLEZ: Todos luchamos con muchos pecados, y Romanos 1:21 los rastrea todos hasta esta causa raíz: «A pesar de haber conocido a Dios, no lo glorificaron como a Dios *ni le dieron gracias*» (énfasis añadido). Cuando hemos perdido el simple deseo de agradecer a Dios, todo comienza a desmoronarse. ¿Cuál es un pecado con el que luchas? El gozo en el Señor te ayudará a vencerlo.

VITALIDAD: Un espíritu de alabanza influye en la salud personal y el optimismo. Alabar a Dios es el alimento del alma. Deja que las capas de frustración, enfado y quejas se desprendan de ti. Déjalas ir, mira al Señor, y tu corazón volverá a *vivir* de nuevo.

ANTICIPACIÓN: Una iglesia consagrada a Dios por un espíritu de alabanza siempre será profética en este mundo, hasta que Cristo regrese. Tu gozo en estos tiempos, junto con todos los santos, presagia el gozo eterno que aún está por venir.

CENTRARSE: Nada es más triste que la ignorancia egocéntrica. Y nada es más liberador, feliz y convincente que dejar de lado las preocupaciones y agendas personales y alabar al Señor porque Él es Dios y nosotros no. Si nos humillamos y con reverencia mantenemos al Señor en el centro, tendremos energía para seguir luchando.

ESTUDIO PERSONAL 2

SALMO 126

ESQUEMA DEL SALMO 126

Promesas de renovación (1-3)
Oraciones para la restauración (4-6)

Comenzamos nuestro estudio anterior con una pregunta sobre el canto. Comencemos con una pregunta similar sobre la oración: ¿Con qué frecuencia le pides a Dios que haga grandes cosas que solo Él puede hacer: con regularidad durante la semana, solo cuando estoy realmente desesperado, o casi nunca?

¿Cuáles son algunas razones por las que un creyente podría no pedirle a Dios que haga cosas grandes y de gran alcance que estén más allá de la capacidad humana?

¿Qué dice acerca de alguien que ora con la expectativa de que Dios haga cosas extraordinarias que solo Él puede hacer?

La oración es pedirle a Dios las grandes cosas *que solo Él* puede hacer, y cualquiera puede orar de esa manera. En el Salmo 126, encontramos ese tipo de expectativa como nuestro ejemplo, y el verdadero gozo como su efecto.

¿Quiénes son las personas que oran en el Salmo 126? Son personas deshechas. Son personas cautivas. Son personas que lloran. Oran con expectativa, no porque sus circunstancias les den alguna esperanza, sino porque saben *a* quién están orando. Él es el Dios que restaura, da la risa, y hace grandes cosas por las personas débiles. Tú también puedes orar de esa manera. Dios hará grandes cosas por *ti*.

LA PROMESA DE RENOVACIÓN DE DIOS

Cuando Jehová hiciere volver la cautividad de Sion,
seremos como los que sueñan.
Entonces nuestra boca se llenará de risa,
nuestra lengua de alabanza;
entonces dirán entre las naciones:
«Grandes cosas ha hecho Jehová con estos».
Grandes cosas ha hecho Jehová con nosotros;
estaremos alegres.

SALMO 126:1-3, RV60

¿Querrías algo menos que esto —decir—: «Grandes cosas ha hecho el Señor con nosotros; estaremos alegres»? ¿Cuando eras niño y alguien te preguntaba qué querías ser cuando crecieras, decías: «¡Cuando crezca, quiero ser mediocre! ¡Quiero una vida que no cuente!»? ¡Es poco probable! Cuando somos jóvenes, tenemos a la vista las estrellas.

No suele decirse lo mismo de nosotros a medida que envejecemos. Con el tiempo, ¿qué hace que tantas personas se conformen con la mediocridad? ¿Te ha pasado eso?

A medida que pasan los años, algo de esa pasión juvenil se nos va quitando, como a esas personas del Salmo 126. La traducción RV60 nos ayuda a entender por qué. Pone el versículo 1 así: «Cuando Jehová hiciere volver la cautividad de Sion».

¿Cuáles son algunas formas modernas de «cautividad» que roban nuestra alegría?

Tarde o temprano todos nos encontramos en algún tipo de cautiverio. Miramos a nuestro alrededor y nos preguntamos: «¿Cómo llegué a esto? ¿Es esta la vida en la que estoy atrapado ahora?». El Salmo 126 nos dice que Dios escucha las oraciones de los *cautivos*. Dios quiere liberarnos y devolvernos nuestro entusiasmo juvenil. Por eso el Salmo 126 está en la Biblia. Se trata de nuevos comienzos a través de la oración.

Lee Salmo 103:5. ¿De qué manera es Dios siempre una fuente de renovación para ti? ¿Cómo es abrazar ese tipo de renovación?

La promesa de renovación de Dios para ti no es algo de lo que solo puedes soñar, pero nunca experimentar en verdad. De hecho, la palabra para *soñar* en el Salmo 126:1 casi siempre se usa para sueños dados por Dios que profetizan eventos futuros. Entonces podríamos parafrasear los versículos 1-3 de esta manera: «Cuando el Señor restaure nuestra fortuna, cuando Dios sane nuestra ruina, cuando Dios nos libere de nuestro cautiverio, es cuando nuestra boca se llenará de risa». Ahora mismo nuestros ojos están llenos de lágrimas. Pero sabemos que Dios tiene grandes cosas reservadas para nosotros. Todo el mundo va a observar con asombro. Y en este momento, mientras saboreamos las promesas de Dios con fe, estamos emocionados».

¿En qué áreas esperas con mayor frecuencia que Dios haga grandes cosas por ti? Clasifica los siguientes del más (1) al menos (5) frecuente:

- ☐ **Finanzas**
- ☐ **Salud**
- ☐ **El evangelio**
- ☐ **Relaciones (cónyuge, hijos, amigos, etc.)**
- ☐ **Una carrera exitosa**

No dejes que este mundo te cuente tu historia. Su versión es demasiado trivial. Ni siquiera te definas a ti mismo. Deja que las grandes cosas de Dios te definan. Solo Él puede satisfacerte. Su amor por ti no es un rincón sobrante en Su corazón. El amor que Él ha puesto sobre ti surge de Su inconcebiblemente vasto corazón. ¡Qué *grandes* son los pensamientos de Dios hacia ti! Qué cosa tan *maravillosa* ha hecho Dios por ti en tu salvación.

NUESTRA RESPUESTA A LAS PROMESAS DE DIOS

Haz volver nuestra cautividad, oh Jehová,
como los arroyos del Neguev.
Los que sembraron con lágrimas,
con regocijo segarán.
Irá andando y llorando
el que lleva la preciosa semilla;
mas volverá a venir con regocijo,
trayendo sus gavillas.

SALMO 126:4-6

Ahora sabemos qué hacer con las promesas de Dios. Convertirlas en *oración* y *trabajo*. Los versículos 5-6 nos enseñan a remangarnos, trabajar y llorar. Nuestras mismas lágrimas son la semilla sembrada para una cosecha de nueva vida. Y esos esfuerzos y lágrimas *producirán* una cosecha alegre. Pero el versículo 4 nos enseña a orar: «Haz volver nuestra cautividad, oh Jehová».

Esa es la historia del evangelio. Dios nos dio todo, nosotros le dimos aflicción, luego Él actuó para «hacer volver a los cautivos». ¿Cómo lo hizo?

Dios nos devolvió todo de nuevo, y mucho más en Cristo. Él tomó nuestra culpa sobre sí mismo en la cruz, hasta el punto de morir. Pero Él se levantó de todo con nueva vida, y ahora sus poderes del reino están devolviendo la vida a las personas arruinadas, a cualquiera que lo reciba. Apenas hemos comenzado a ver lo que hará. Todo cambiará por el poder de Su reino. Nunca volveremos a ser los mismos. La cura ha comenzado, y Él va a venir de nuevo para destruir todo el mal y llevarnos a casa para siempre.

Mientras tanto, ¿qué quiere Dios de ti, que ores solo por tu restauración definitiva en el cielo, o que ores también por tu restauración personal aquí hoy? ¿En qué situación necesitas restauración actualmente?

Dios quiere que tomes sus promesas contenidas en la Biblia y que ores para que esas bendiciones desciendan. Aunque hayas arruinado tu vida, esto es para ti. El pueblo de Dios de aquel entonces desperdició su oportunidad. Él pretendía que fueran una bendición para todo el mundo, pero se metieron en una zanja. Y aquí, en el Salmo 126, Él les enseña cómo orar para volver a encontrar el camino.

¿Qué dice la comparación «como los arroyos del Neguev» sobre el nivel de expectativa que deberías tener al pedir en oración las promesas de Dios para tu vida actual?

El Neguev es el desierto situado al sur de Jerusalén. Es un lugar de sequía y esterilidad. Pero hay tormentas que repentinamente inundan ese desierto. Los versículos 5-6 nos recuerdan que el éxito gozoso proviene de nuestro propio trabajo arduo. Abrazamos la dignidad de nuestro trabajo conjunto. Pero el versículo 4 es una verdad aún más maravillosa. Dios es capaz de enviar en cualquier momento una *lluvia* de bendiciones, como corrientes torrenciales que inundan el desierto.

Si deseas más que nada lo que *solo Dios* puede hacer, entonces *ora* por eso. Tus idolatrías y cautiverios firmemente arraigados pueden ser arrastrados por el repentino derramamiento de la bendición de Dios. ¿Entonces por qué no hacer a un lado las oraciones apocadas y las bajas expectativas y clamar a Él para que restaure tu alegría?

Dios te dio esa oración en el Salmo 126. A Él le gusta esa oración, y está listo para responderla. ¿Hay alguna razón para no orar para que Dios te restaure del cautiverio, no solo algún día en el cielo sino desde ahora, aquí en la tierra? Usa este espacio para escribir esa oración.

Menciona un pensamiento verdadero o clave que te llevas de este estudio.

SALMO 126

VERDADERO GOZO

Utiliza los espacios a continuación para escribir una oración o respuesta a cada entrada.

GRANDEZA: El evangelio te lleva a la cima de las promesas de Dios para ver la tierra prometida, más allá de las decepciones, brutalidades y banalidades del momento. Ver las grandes cosas que Dios hará tiene el poder de elevarte por encima de la autocompasión, la aversión a arriesgarte y el cautiverio del miedo. Él quiere llevarte al gozo de Su grandeza justo ahora.

OSADÍA: ¿Anhelas lo que solo Dios puede hacer? Romanos 4:17 dice que Dios llama a la existencia cosas que aún no existen. Él hace grandes cosas, y cuando oras con la expectativa de que Su increíble voluntad sea conocida, Él responderá.

RISA: Lo que revela el evangelio es un futuro que llenará tu boca de risa. El evangelio tiene una inclinación hacia adelante, porque la esperanza para el futuro es lo que te mantiene vivo en este momento. Con un gran futuro y una gran vida en ti hoy, puedes enfrentarte a *cualquier cosa*.

RIQUEZAS: Todo lo que deseas está en el tesoro de Cristo: placeres eternos, ríos de deleite, plenitud de gozo e infinitamente más cosas. Sus inmensas riquezas son tuyas para siempre a través de la obra terminada de Cristo en la cruz. Pero debes elegir. Tu sueño puede estar lleno de las mejores cosas que este mundo puede ofrecer. Pero si tu corazón anhela más, Jesucristo te ofrece grandes cosas, libremente a través de Su gracia. ¿Dirás: «Señor, te elijo hoy»?

PROFUNDIZAR

SALMOS DE ALABANZA CONJUNTA

Para resumir algo de lo que hemos aprendido en estas semanas de *Salmos: Esperanza real para la vida cotidiana*, los Salmos nos dan una visión del evangelio, señalándonos a Jesús y Su asombrosa gracia. El pecado nos da una razón para lamentarnos; nuestra redención del pecado, realizada por Jesús, nos da una razón para regocijarnos en alabanza continua. Aún así luchamos, tanto con el lamento como con la alabanza. Y uno influye en el otro. Cuando comprendemos la profundidad de nuestra necesidad de Cristo, nuestras expresiones de alegría en Él necesariamente se vuelven menos refinadas y reservadas, y nos unimos en alabanza estruendosa.

Como una forma de entrar en un espíritu de alabanza y regocijo continuos, considera cómo podrías poner en práctica las ayudas del estudio que Ray dio en la enseñanza de Profundizar de esta semana.

Registra la explosión de alabanza que concluye cada sección de los Salmos. Luego repite esas palabras en voz alta al Señor con el espíritu exclamatorio con el que fueron escritas.

Libro 1, Salmo 1-41 (Salmos 41:13):

Libro 2, Salmo 42-72 (Salmos 72:19):

Libro 3, Salmo 73-89 (Salmos 89:52):

Libro 4, Salmo 90-106 (Salmo 106:48):

Libro 5, Salmo 107-150 (Salmo 146:1; 147:1; 148:1; 149:1; 150:1-6):

Salmo 33:1 declara: «Apropiada es para los rectos la alabanza». ¿Cómo te está hablando el Señor acerca de lo que hace un espíritu de alabanza en una iglesia?

¿Cuál es tu papel en eso? ¿Clasificarías tu alabanza al Señor como limitada o ilimitada? ¿Por qué?

¿Qué necesita cambiar en tu vida para que le des al Señor toda la alabanza que tienes para Él de ahora en adelante? ¿Cómo puede tu estudio continuo de los Salmos ayudarte en eso?

Para acceder a las sesiones de enseñanza, sigue las indicaciones que se encuentran en el interior de la contraportada de este estudio.

GUÍA PARA LÍDERES

CONSEJOS PARA DIRIGIR UN GRUPO PEQUEÑO

Sigue estas pautas para prepararte para cada sesión.

PREPARARSE CON ORACIÓN

REPASAR: Repasa los estudios personales y las preguntas de grupo con anticipación.

ORAR: Ten la intención de orar por cada persona del grupo. Pide al Espíritu Santo que obre a través de ti y de las conversaciones del grupo al señalar a Jesús cada semana a través de la Palabra de Dios.

REDUCE AL MÍNIMO LAS DISTRACCIONES

Crea un ambiente cómodo. Si los miembros del grupo se sienten incómodos, estarán distraídos y por lo tanto no participarán en la experiencia grupal. Planifica con anticipación considerando estos detalles:

- asientos
- temperatura
- iluminación
- comida o bebida
- ruido ambiental
- limpieza general

En el mejor de los casos, la consideración y la hospitalidad muestran a los invitados y miembros del grupo que son bienvenidos y valorados en cualquier entorno que elijas para reunirse. En el peor de los casos, las personas pueden no notar tu esfuerzo, pero tampoco se distraen. Haz todo lo que esté a tu alcance para ayudar a las personas a concentrarse en lo más importante: conectarse con Dios, con la Biblia y entre sí.

INCLUIR A OTROS

Tu objetivo es fomentar una comunidad en la que las personas sean bienvenidas tal como son, pero donde se les aliente a crecer espiritualmente. Sé siempre consciente de las oportunidades de incluir a cualquier persona que visite el grupo y de invitar a nuevas personas a unirse. Una forma económica de hacer que los nuevos invitados se sientan bienvenidos, o de invitar a alguien a participar, es darles su propia copia de este libro de estudio bíblico.

FOMENTAR LA CONVERSACIÓN

Una buena experiencia en un grupo pequeño tiene las siguientes características:

TODOS PARTICIPAN: Anima a todos a hacer preguntas, compartir respuestas o leer en voz alta.

NADIE PREDOMINA, NI SIQUIERA EL LÍDER: Asegúrate de que el tiempo que hables en tu calidad de líder ocupe menos de la mitad de tu tiempo con el grupo. Guía cortésmente la conversación si alguien predomina.

A NADIE SE LE APRESURA A RESPONDER PREGUNTAS: No sientas que un momento de silencio es algo malo. Las personas suelen necesitar tiempo para pensar en sus respuestas o para reunir el valor para compartir lo que Dios está poniendo en sus corazones.

SE DA REAFIRMACIÓN Y SEGUIMIENTO A LAS CONTRIBUCIONES: Asegúrate de señalar algo verdadero o útil en cada respuesta. No sigas adelante sin más. Fomenta la comunidad con preguntas de seguimiento, preguntando de qué forma otras personas han experimentado cosas similares o cómo una verdad ha moldeado su comprensión de Dios y de las Escrituras que están estudiando. Las personas son menos propensas a hablar si tienen miedo de que en realidad no quieras escuchar sus respuestas o de que estés buscando una respuesta específica.

DIOS Y SU PALABRA SON CENTRALES: Las opiniones y experiencias pueden ser útiles, pero Dios nos ha dado la verdad. Confía en la palabra de Dios como la autoridad y el Espíritu de Dios para obrar en la vida de las personas. No puedes cambiar a nadie, pero Dios sí puede. Dirige continuamente a las personas hacia la Palabra y a dar pasos activos en la fe.

SIGUE HACIENDO CONEXIONES

Piensa en formas de conectarte con los miembros del grupo durante la semana. La participación durante la sesión del grupo siempre mejora cuando los miembros pasan tiempo conectándose entre sí fuera de las sesiones. Cuanto más cómodas estén las personas y más involucradas estén en la vida de los demás, más anhelaran reunirse. Cuando las personas pasan de ser amigables a tener una verdadera amistad y formar una comunidad, llegan a cada sesión ansiosos por participar, en lugar de solo asistir.

Cuando sea posible, construye amistades más profundas planificando reuniones o invitando espontáneamente a los miembros del grupo a reunirse contigo fuera del horario normal para realizar actividades, comidas, salidas grupales o proyectos cerca de tu hogar, iglesia o comunidad.

GUÍA PARA LÍDERES DE SALMOS

SESIÓN UNO

CITA CLAVE

Salmos 1 y 2

ESQUEMA DE LA SESIÓN

1. Estos dos Salmos presentan todo el libro.
2. El Salmo 1 está marcado con fuertes contrastes, con una sabia orientación personal.
3. El Salmo 2 es igualmente audaz, con esperanza para todo el mundo.

ANTES DE LA SESIÓN

1. Repasa el contenido del grupo así como la sesión de enseñanza en video.
2. Lee y repasa los Salmos 1 y 2, haciendo tus propias observaciones sobre la Escritura.
3. Decide si van a ver los videos de enseñanza juntos o si quieres que los miembros del grupo los vean antes de las reuniones. Cada video tiene aproximadamente de diez a quince minutos de duración.
4. Ora por todos los miembros del grupo por nombre.
5. Revisa las preguntas de las secciones Comenzar y Conversar. Siéntete libre de ajustar o adaptar las preguntas proporcionadas para que se ajusten mejor a los miembros de tu grupo.

DURANTE LA SESIÓN

1. Asegúrate de que todos se conozcan entre sí. Considera compartir nombres e información breve para que todos se sientan bienvenidos e incluidos.
2. Enfoca la atención del grupo señalando que los Salmos ofrecen esperanza real para la vida cotidiana. Pregunta si hay un área particular de la vida donde sientan que necesitan la ayuda que los Salmos ofrecen.

3. Si las personas no están familiarizadas con los Salmos como un libro o un género, explica que Salmos es un libro de cantos sagrados, de alabanza y de lamento. Fue escrito para dirigir la adoración del pueblo de Dios.
4. Ayúdales a ver que la Palabra de Dios es un lugar al que podemos acudir en busca de ayuda y consuelo, porque a través de los Salmos encontramos a Cristo vivo.
5. Sé sensible hacia quienes están teniendo su primera experiencia de estudio bíblico.
6. Anímalos a iniciar por su cuenta un recorrido a través de los Salmos, utilizando este libro como guía. Aclara que se nos darán muchas ayudas para entender los Salmos a medida que avancemos en el estudio.
7. Termina con oración.
8. Recuérdales que completen los dos estudios personales y la sección Profundizar antes de la próxima reunión.

DESPUÉS DE LA SESIÓN

Considera la idea de reunirse en grupos de dos o tres para conversar y repasar la lectura guiada. Aquí hay algunas preguntas para hacer durante ese tiempo. También podrías enviar estas preguntas al grupo en un mensaje de texto o correo electrónico para que las mediten por su cuenta.

¿Cuál de las palabras de la página 19 encontraste más útil? ¿Por qué?

¿Cuál es la conclusión más significativa de la primera semana de estudio?

¿Cuál es una forma en que la sección Profundizar de esta semana acerca de leer e interpretar los Salmos te ayuda a ser un mejor lector de los Salmos?

NOTAS

GUÍA PARA LÍDERES DE SALMOS

SESIÓN DOS

CITA CLAVE

Salmos 23 y 130

ESQUEMA DE LA SESIÓN

Considera tres aspectos en el Salmo 23:

1. La naturaleza personal del Salmo.
2. La trayectoria del Salmo.
3. El espíritu del Salmo.

ANTES DE LA SESIÓN

1. Repasa el contenido del grupo así como la sesión de enseñanza en video.
2. Lee y repasa el Salmo 23, haciendo tus propias observaciones. Utiliza la sección de Profundizar de la semana pasada para ayudarte a obtener lo máximo de este Salmo.
3. Mira el video de enseñanza antes de la sesión.
4. Ora por todos los miembros del grupo por nombre.
5. Revisa las preguntas de las secciones Comenzar y Conversar. Siéntete libre de ajustar o adaptar las preguntas proporcionadas para que se ajusten mejor a los miembros de tu grupo.

DURANTE LA SESIÓN

1. Da la bienvenida a los nuevos invitados.
2. Comienza repasando la semana anterior. Pregunta qué preguntas hubo. Invita a los miembros del grupo a compartir introspecciones o cosas que el Señor esté haciendo en su vida a través de los Salmos.

3. Ten en cuenta que esta semana veremos el Salmo 23, una de las partes más conocidas de la Escritura. Muchas personas sin antecedentes de fe están familiarizadas con ello.
4. El descanso puede ser difícil de encontrar en estos días. Invita a las personas a compartir dónde están buscando el descanso de Dios. Toma en cuenta que esto puede tomar algunos minutos para responder.
5. Aunque este es un Salmo muy querido, resiste la tentación de hacer suposiciones sobre él. Permítete a ti mismo y al grupo experimentar la Palabra de Dios de nuevo a través de esta lectura y este tiempo en grupo.
6. Resalta que todos experimentamos crisis en la vida y que David se encontraba en un momento de crisis al escribir este Salmo. Reconoce que la crisis era real, pero que era menos importante y menos real que el Dios que estaba con David.
7. Asegúrales que el Dios que estuvo con David también está con ellos.
8. Termina con oración.
9. Recuérdales que completen los dos estudios personales y la sección Profundizar antes de la próxima reunión.

DESPUÉS DE LA SESIÓN

Considera la idea de reunirse en grupos de dos o tres para conversar y repasar la lectura guiada. Aquí hay algunas preguntas para hacer durante ese tiempo. También podrías enviar estas preguntas al grupo en un mensaje de texto o correo electrónico para que las mediten por su cuenta.

Una de las verdades clave de esta sesión es que para quienes estamos en Cristo, no somos los únicos que trabajamos en nosotros. A la luz de eso, vuelve a considerar, ¿qué situación te tienta a pensar, hablar o actuar como si todo lo que tienes a tu favor fueras tú? ¿Cómo te alienta el Salmo 23 en esa situación?

El Salmo 23 utiliza muchos pronombres personales. ¿Qué nos ayuda su frecuencia a entender acerca de Dios y Su naturaleza?

NOTAS

GUÍA PARA LÍDERES DE SALMOS

SESIÓN TRES

CITA CLAVE

Salmos 51 y 73

ESQUEMA DE LA SESIÓN

1. La historia de fondo
2. El clímax
3. La conclusión

ANTES DE LA SESIÓN

1. Repasa el contenido del grupo así como la sesión de enseñanza en video.
2. Lee y repasa el Salmo 51, haciendo tus propias observaciones.
3. Considera un momento en el que hayas estado en una situación similar a la de David en el Salmo 51.
4. Mira el video de enseñanza antes de la sesión.
5. Ora por todos los miembros del grupo por nombre.
6. Revisa las preguntas de las secciones Comenzar y Conversar. Siéntete libre de ajustar o adaptar las preguntas proporcionadas para que se ajusten mejor a los miembros de tu grupo.

DURANTE LA SESIÓN

1. Comienza repasando la semana anterior. Pregunta qué preguntas hubo. Invita a los miembros del grupo a compartir introspecciones o cosas que el Señor esté haciendo en su vida a través de los Salmos.
2. Asegúrate de cubrir la historia de fondo del Salmo 51. Si el tiempo lo permite, lean juntos 2 Samuel 11–12.

3. Toma nota de que el arrepentimiento es una parte necesaria de la vida cristiana. El Salmo 51 nos da permiso de ser sinceros con Dios. Dios es capaz de soportar todo el peso de nuestra sinceridad.
4. Recuerda al grupo que cuando estamos atrapados en un patrón de pecado, puede parecer tentador o deseable ocultar nuestro pecado. Sin embargo, no podemos ocultar nuestro pecado a Dios; aferrarnos a aquél en lugar de confesarlo sinceramente es corrosivo para nuestra alma y nuestras relaciones.
5. Termina con oración.
6. Recuérdales que completen los dos estudios personales y la sección Profundizar antes de la próxima reunión.

DESPUÉS DE LA SESIÓN

Considera la idea de reunirse en grupos de dos o tres para conversar y repasar la lectura guiada. Aquí hay algunas preguntas para hacer durante ese tiempo. También podrías enviar estas preguntas al grupo en un mensaje de texto o correo electrónico para que las mediten por su cuenta.

¿En qué situación actual necesitas la ayuda de Dios de verdadera honestidad? Toma este momento como un gesto para ser sincero con Dios.

La verdadera fe hace preguntas difíciles. ¿Qué preguntas tienes? ¿Qué podría decir Dios a través de las Escrituras acerca de esas preguntas?

¿Por qué es la confesión de pecados una parte necesaria de la verdadera fe en Jesús?

NOTAS

GUÍA PARA LÍDERES DE SALMOS

SESIÓN CUATRO

CITA CLAVE

Salmos 85 y 42/43

ESQUEMA DE LA SESIÓN

1. La estructura
2. Palabras de ira
3. Palabras clave

ANTES DE LA SESIÓN

1. Repasa el contenido del grupo así como la sesión de enseñanza en video.
2. Lee y repasa el Salmo 85, haciendo tus propias observaciones.
3. Ora para alcanzar tu propia esperanza. Encuentra el área en que necesitas tener esperanza en el Señor.
4. Mira el video de enseñanza antes de la sesión.
5. Ora por todos los miembros del grupo por nombre.
6. Revisa las preguntas de las secciones Comenzar y Conversar. Siéntete libre de ajustar o adaptar las preguntas proporcionadas para que se ajusten mejor a los miembros de tu grupo.

DURANTE LA SESIÓN

1. Comienza repasando la semana anterior. Pregunta qué preguntas hubo. Invita a los miembros del grupo a compartir introspecciones o cosas que el Señor esté haciendo en su vida a través de los Salmos.

2. Resalta el punto principal de que a Dios le encanta dar lo mejor a personas que merecen lo peor. Esa es la piedra angular de nuestra esperanza, que somos amados más allá de lo que jamás podríamos imaginar.

3. Asegúrate de aclarar que el Salmo 85 no minimiza ni ignora nuestro pecado, ni nuestra necesidad. Más bien, es sincero acerca de la división entre quién es Dios y quiénes somos nosotros.
4. Haz hincapié en las palabras clave que Ray resaltó, como: *dar vida* (v. 6), *de nuevo* (vv. 4,6), *misericordia y paz* (v. 10), *locura* (v. 8), y *temor* (v. 9).
5. La esperanza es una necesidad de la que muchas personas están muy conscientes. Prepárate para infundir esperanza y dirigir a las personas hacia el evangelio.
6. Termina con oración.
7. Recuérdales que completen los dos estudios personales y la sección de Profundizar antes de la próxima reunión.

DESPUÉS DE LA SESIÓN

Considera la idea de reunirse en grupos de dos o tres para conversar y repasar la lectura guiada. Aquí hay algunas preguntas para hacer durante ese tiempo. También podrías enviar estas preguntas al grupo en un mensaje de texto o correo electrónico para que las mediten por su cuenta.

¿Cuál de las palabras clave —o alguna otra palabra— del Salmo 85 abre todo el Salmo para ti de manera más personal? ¿De qué manera?

Echa un vistazo a las palabras clave de la página 79. ¿Cuál es la que más resuena en ti?

El video Profundizar de esta semana trató sobre los Salmos como recurso diario. Esta semana has llegado a más de la mitad de este estudio. ¿Qué beneficios puedes ver en el uso diario de los Salmos?

NOTAS

GUÍA PARA LÍDERES DE SALMOS

SESIÓN CINCO

CITA CLAVE

Salmos 139 y 27

ESQUEMA DE LA SESIÓN

Considera tres aspectos del Salmo 139:

1. Odio en los versículos 21-22: «El odio que les tengo no tiene límites».
2. Giro en el versículo 18: «...al despertar, aún estaría contigo».
3. Valor a lo largo de los versículos 1-24: «Tú me examinas, tú me conoces... ¿A dónde podría huir de tu presencia... Me formaste en el vientre de mi madre... Guíame por el camino eterno».

ANTES DE LA SESIÓN

1. Repasa el contenido del grupo así como la sesión de enseñanza en video.
2. Lee y revisa el Salmo 139, haciendo tus propias observaciones.
3. Considera un momento en el que hayas necesitado valentía de parte del Señor.
4. Mira el video de enseñanza antes de la sesión.
5. Si este grupo va a continuar reuniéndose después de este estudio, comunica qué sigue.
6. Ora por todos los miembros del grupo por nombre.
7. Revisa las preguntas de las secciones Comenzar y Conversar. Siéntete libre de ajustar o adaptar las preguntas proporcionadas para que se ajusten mejor a los miembros de tu grupo.

DURANTE LA SESIÓN

1. Comienza repasando la semana anterior. Pregunta qué preguntas hubo. Invita a los miembros del grupo a compartir introspecciones o cosas que el Señor esté haciendo en su vida a través de los Salmos.

2. Trabajen juntos en el Salmo 139 usando el esquema de Ray.
3. Ten en cuenta que aunque el Salmo 139 suele usarse (por buenas razones) en charlas sobre la vida y la dignidad humana, es posible que muchos de nosotros lo hayamos leído en numerosas ocasiones sin percatarnos de que el contexto de David era el sufrimiento personal a manos de adversarios perversos.
4. En ese caso, muchos de nosotros tenemos mucho en común con David. Nuestros adversarios pueden no ser tan imponentes como los de David, pero todos tenemos situaciones en las que necesitamos cultivar y ejercer la valentía.
5. Termina con oración.
6. Recuérdales que completen los dos estudios personales y la sección Profundizar antes de la próxima reunión.
7. Anuncia al grupo qué estudiarán después de la conclusión de este estudio de los Salmos.

DESPUÉS DE LA SESIÓN

Considera la idea de reunirse en grupos de dos o tres para conversar y repasar la lectura guiada. Aquí hay algunas preguntas para hacer durante ese tiempo. También podrías enviar estas preguntas al grupo en un mensaje de texto o correo electrónico para que las mediten por su cuenta.

¿Cómo sería para nosotros vivir valientemente en Cristo esta semana?

Lee el Salmo 139:1-6. Algunos piensan que es temible ser buscado y conocido por Dios. ¿Qué piensas tú? ¿Cómo te sientes al saber que Dios conoce todas tus actividades, pensamientos, caminos, palabras e intenciones?

¿Qué te pareció la sección Profundizar de esta semana? ¿Por qué es esencial leer los Salmos para tener una mejor perspectiva del evangelio?

NOTAS

GUÍA PARA LÍDERES DE SALMOS

SESIÓN SEIS

CITA CLAVE

Salmos 100 y 126

ESQUEMA DE LA SESIÓN

1. Un espíritu de alabanza a Dios es muy importante.
2. Un espíritu de alabanza a Dios es saludable, liberador y edificante.
3. Un espíritu de alabanza a Dios no es refinado.

ANTES DE LA SESIÓN

1. Repasa el contenido del grupo así como la sesión de enseñanza en video.
2. Lee y revisa el Salmo 100 haciendo tus propias observaciones.
3. Mira el video de enseñanza antes de la sesión.
4. Ora por todos los miembros del grupo por nombre.
5. Revisa las preguntas de las secciones Comenzar y Conversar. Siéntete libre de ajustar o adaptar las preguntas proporcionadas para que se ajusten mejor a los miembros de tu grupo.
6. Haz planes de lo que vas a hacer con el grupo después de que este estudio haya concluido.

DURANTE LA SESIÓN

1. Invita a los miembros del grupo a compartir las conclusiones clave de este estudio.
2. Define alabanza para el grupo. Ayúdales a ver que es más que adorar a través del canto, aunque ciertamente incluye adoración musical.
3. Señala que esta es la culminación de nuestro estudio por una razón. Un espíritu de gozo fluye de todo lo demás que hemos aprendido sobre Dios y sobre nosotros mismos a través de los Salmos.

4. Haz notar que es posible estar alegres a pesar de las circunstancias. Cuando la alegría va unida a Cristo, trasciende cualquier cosa que nos suceda. Eso no significa que nunca experimentaremos dolor o luchas, sino que Cristo está con nosotros en medio de ellos y que nuestro gozo está seguro en Él.
5. Termina con oración.
6. Si este grupo va a seguir, asegúrate de que todos sepan qué van a estudiar después de los Salmos, y de que tengan todo lo necesario para ese estudio.

DESPUÉS DE LA SESIÓN

Considera la idea de reunirse en grupos de dos o tres para conversar y repasar la lectura guiada. Aquí hay algunas preguntas para hacer durante ese tiempo. También podrías enviar estas preguntas al grupo en un mensaje de texto o correo electrónico para que las mediten por su cuenta.

¿De qué manera diferente interactuarás con los Salmos como resultado de este estudio?

¿Qué peligro hay en alabar a Dios solo cuando tienes ganas?

¿Qué otras preguntas o comentarios tienes sobre este estudio? ¿Qué fue desafiante, retador, alentador u oportuno en tus circunstancias actuales?

NOTAS